Ulrike und Christiane Gast

Das Große und Kleine Hufeisen

KOSMOS

Was alle Motivationsabzeichen-Anwärter wissen müssen

Kleines-, Großes und Kombiniertes Hufeisen sowie Hufeisen Westernreiten

Rund um das FN-Sportabzeichen Reiten

Motivationsabzeichen und mehr von A bis Z

Serviceteil

Was alle Motivationsabzeichen-Anwärter wissen müssen

Egal, ob du nun deine ersten Pflege- und Reitkünste mit einem ganz besonderen Hufeisen krönen möchtest oder ob Sie Ihre Selbstverwirklichung im Stall und im Sattel dokumentieren wollen, es gibt das ganz tolle Angebot dieses mit einem richtigen Abzeichen, also mit Vorbereitungslehrgang und Prüfung, zu tun.

Das Motivationsabzeichen fest im Blick...

APO konkret

Die Motivationsabzeichen im Pferdesport!

- Die Möglichkeit für Aktive, die im laufenden Kalenderjahr **nicht älter** als 16 Jahre werden:
  - Kleines Hufeisen (Reiten oder Voltigieren)
- Die Möglichkeit für Aktive, die im laufenden Kalenderjahr **nicht älter** als 18 Jahre werden:
  - Kombiniertes Hufeisen (Reiten und/oder Voltigieren plus ...)
  - Großes Hufeisen (Reiten oder Voltigieren)
- Die Möglichkeit für **alle** Reiter, egal wie alt:
  - Hufeisen Westernreiten
  - Hufeisen Fahren
  - FN-Sportabzeichen Reiten

Reiten und Voltigieren

Dabei haben die Verantwortlichen der Deutschen Reiterlichen Vereinigung (FN), wie aus der Grafik ersichtlich, keineswegs nur an die Reitanfänger im Lande, sondern auch an die Voltigierer und Fahrer gedacht. Wir haben uns entschieden, uns hier verstärkt dem Pferdesport im Sattel zu widmen.
Motivierte Voltigierer finden ihre Praxisbeispiele im Ratgeber Voltigieren (Gast/Gast: Voltigieren in der Praxis, Stuttgart 2002). Die Lektüre dieser Zeilen ist aber sicherlich auch für die Turner auf dem Pferderücken interessant, da sich die Ratgeber ergänzen. Das gilt insbesondere auch für das Mini-Lexikon, mit dem jeder Ratgeber schließt. Je mehr Bände man besitzt, desto besser sind die Nachschlagemöglichkeiten und desto umfangreicher wird die eigene kleine Pferdebibliothek.

Motivationsabzeichen – für jedes Alter

Und was ist nun praktisch zu tun, um an Stoffabzeichen oder Pin, Nadel und Urkunde zu kommen? Reicht die Mitgliedschaft in einem Reitverein oder ein Ferienkurs, um die Prüfung zu bestehen?
Brauche ich ein eigenes Pferd, um mitmachen zu dürfen, und was genau wird in der jeweiligen Prüfung verlangt?
Fragen über Fragen, die wir mit Hilfe dieses Ratgebers Schritt für Schritt zu beantworten gedenken, damit es auch wirklich klappt mit dem Abzeichen.
Die roten APO-Kästen machen die Ausbildung-Prüfungs-Ordnung verständlich!

Basiswissen

Beginnen möchten wir mit dem Wissen, das sich jeder Interessent aneignen muss, um ein Hufeisen oder die Reiternadel zu erwerben. Da man nicht zwingend schon ein Motivationsabzeichen besitzen muss, um das nächste zu erwerben, gibt es ein Basiswissen, welches bei allen Motivationsabzeichen-Vorbereitungslehrgängen und -Prüfungen dazu gehört, und dieser Thematik ist dieses Kapitel gewidmet.

Im Moment sieht es so aus, dass jeder Anwärter theoretisch die im Folgenden aufgeführten Aspekte akzeptieren, üben und verinnerlichen muss.

APO konkret

- Basiswissen zu Sicherheitsaspekten, Unfallverhütung und Tierschutz: Umgang mit dem Pferd
- Grundkenntnisse zum Pferdeverhalten, zur Pferdepflege, Pferdefütterung und Pferdehaltung (inklusive der Fachwörter)
- Elementares zur Ausrüstung und zum Reiten: Aussehen der Ausrüstung, richtige Anbringung, Pflege, Sitz beim Reiten, Hilfengebung und Hufschlagfiguren, Verhalten in der Reitbahn

Reitverein oder Ferienhof

Nur wer diese Dinge beherrscht und gleichzeitig auch im Sattel fest und zugleich einfühlsam sitzt, für den ergibt sich die Möglichkeit der Teilnahme an der Prüfung – egal ob auf eigenem oder geliehenem Pferd.

Fast jeder Reitverein bzw. Pferdebetrieb in Deutschland führt regelmäßig Motivationsabzeichen-Lehrgänge und -Prüfungen durch. Nachfragen, ob der „Verein um die Ecke“ dabei ist, lohnt sich bestimmt. In Vereinen sind der Lehrgang und die Prüfung häufig

auch daran gekoppelt, dass man zuvor Mitglied im Club werden muss. Auf Ferienhöfen gehören diese Dinge meist zum Ferienpaket (oft schon mit eingeschlossenem Versicherungsschutz) dazu. Dort sind die Hufeisen auch ohne Vereinszugehörigkeit oder gar eigenes Pferd erwerbbar.
Diese geringen Einstiegsvoraussetzungen bedeuten allerdings nicht, dass am Prüfungstag ein Vergabekomitee erscheint und jeder sein Abzeichen bekommt. Praktisches Können und theoretisches Wissen gehören auf alle Fälle dazu.

Ohne Training in Theorie und Praxis kein Pin und kein FN-Sportabzeichen

Kein Grund zur Sorge. Mit Theorie ist nicht etwa das gemeint, was in kleinen Portionen mühevoll gepaukt wird, um es dann vielleicht einmal zu gebrauchen und es dann leider wieder zu vergessen. Mit Theorie ist bei den Motivationsabzeichen all das gemeint, was sich nicht direkt im Sattel abspielt: die Pflege des Vierbeiners, Ausrüstungskunde, richtiger Umgang mit dem Partner Pferd als Fußgänger, wortloses Verständnis und Kenntnisse der Gangarten. Dem allen übergeordnet ist die Verantwortung für die (neue) Partnerschaft.

Wer sich auskennt mit Pferd, Stall und Ausrüstung, für den ist die Prüfung kein Problem.

Mit Pferden umgehen heißt, ein lebendiges Natur- und Kulturgut nutzen, beaufsichtigen, begleiten und schützen. Das bedeutet nicht, sich nur einmal wöchentlich ausschließlich für 45 Minuten von einem Pferd tragen zu lassen, weil es der Figur gut tut oder gerade „trendy" ist. Pferdesport ist zeitintensiv! Mindestens doppelt so viel Zeit, wie die, die man im Sattel sitzt, ist anzusetzen, wenn man dem Pferd auch wirklich gerecht werden will. Pferdepflege ist nun mal nicht die Sache von Stallburschen, die damit ihr Geld verdienen.
Pferdepflege muss man praktisch lernen. Und auch die ganze Literatur nützt nichts, wenn sie nur dazu dient, dass das Bücherregal einen guten Eindruck macht. Wer sich jedoch regelmäßig und intensiv (außer reitend) lesend, beobachtend, putzend oder träumend mit dem Pferd und allem, was dazu gehört, beschäftigt, der ist um so schneller am **Ziel**:
Im Besitz eines Motivationsabzeichens!

Außer den Anforderungen im Sattel hat sich der Motivationszeichen-Anwärter mit

- Pferdepflege, -fütterung, -haltung und -verhalten
- Führen, Satteln, Trensen (mit den Fachbegriffen)
- Entwicklungsgeschichte des Pferdes (mit Exterieur und Grundgangarten)

zu beschäftigen.

- Sicherheitsaspekte, Unfallverhütung und Tierschutz ergeben sich aus der praktischen Arbeit mit und am Pferd.

B wie Bürste, aber auch wie Beziehungspflege

Den Sicherheitsaspekten ist daher hier kein gesondertes Kapitel gewidmet, sondern es wird im Bedarfsfall immer gleich mit darauf verwiesen, was zu beachten oder zu erledigen oder was aus Sicherheitsgründen zu unterlassen ist.

Die Pferdepflege

Mit der Putzkiste, Halfter und Strick geht's in den Stall bzw. zum Pferd.
Die Kiste wird so abgestellt, dass sie niemand behindert, beim Putzen nicht umgetreten oder mit Haaren und Staub übersät werden könnte. Nachdem das Pferd angesprochen worden ist, wird die Box geöffnet. In der Box wird das Halfter angebracht, mit dem Pferd aus der Box herausgetreten und das Pferd an der dafür vorgesehenen Stelle mit einem professionellen Pferdeknoten nicht zu lang angebunden. Es ist wichtig, dass das Pferd nicht in den Strick treten kann und dass der Knoten vom Zweibeiner jederzeit problemlos geöffnet werden kann.

Es empfiehlt sich, mit dem Ausräumen der Hufe zu beginnen. Sollte nämlich eine bisher unbemerkte Verletzung an der Hufunterseite aufgetreten sein, kann gleich der Tierarzt oder der Hufschmied benachrichtigt werden.
In diesem Fall wird dann das Pferd oder Pony in der Wartezeit geputzt. Würde man erst putzen, hätte das Pferd nur unnötig lange Schmerzen.
Nach dem Auskratzen der Hufe kommen die unzähligen Bürsten zum Einsatz, um das Pferd auf beiden Seiten von vorne nach hinten und vom Kopf bis zu den Hufen zu reinigen und durchzumassieren. Putzen ist Reinigung und Massage und kann deshalb auch nicht ausfallen, nur weil das Pferd sauber aussieht. Der Wohlfühlaspekt seitens des Vierbeiners ist nicht zu unterschätzen.

Putzkoffer mit Inhalt. Wer weiß schon, wie alles heißt?

Das Putzzeug

...ist dein Handwerkszeug! Wiederholte „Bestimmungsübungen“ (Was heißt wie und wird wo gebraucht?) bringen Sicherheit und im Übrigen gilt: **Putzen lernt man nur durch Putzen!**

Wichtige Hitliste zum Putzen:

- Sprich das Pferd immer an, bevor du dich (wieder) näherst, um gefährliche Situationen durch Erschrecken zu vermeiden.
- Benutze für jedes Pferd ein anderes Putzzeug. – Du teilst deine Zahnbürste ja sicher auch mit niemandem. Außerdem werden so Fellkrankheiten nicht unbedingt übertragen.
- Binde das Pferd mit einem Strick mit Panikhaken und Pferdeknoten nicht zu lang an. Achtung! Nur an festen Gegenständen oder Anbinderingen, nicht an Boxentüren oder ungesicherten Anhängern anbinden!

Schweif verlesen

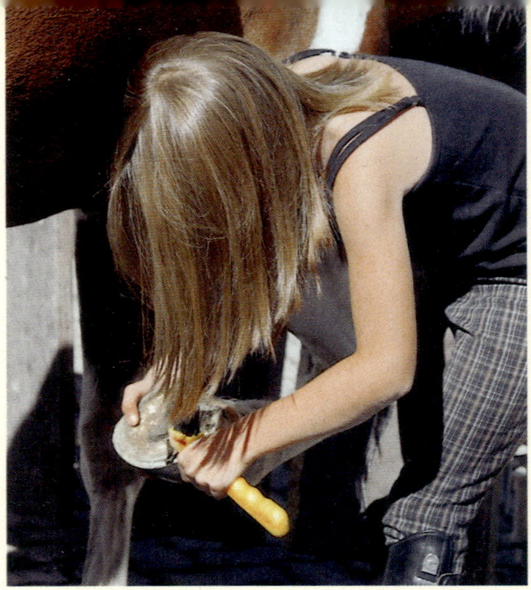

Hufe auskratzen

- Benutze keine groben, unflexiblen Bürsten für die Reinigung von Körperteilen, bei denen sich direkt unter der Haut kaum Muskeln, dafür aber Knochen befinden, wie beispielsweise am Kopf oder am unteren Teil der Beine.
- Entferne zunächst den groben Schmutz, bevor du mit Kardätsche und Striegel von oben nach unten Glanzpunkte setzt. (Anders herum würde das Pferd auch erneut dreckig.)
- Während du das Deckhaar mit Bürsten bearbeiten darfst, musst Du das Langhaar ganz vorsichtig in Handarbeit versorgen, sprich der Schweif wird „verlesen“. Beim Einsatz der Bürste gehen viel zu viele Haare verloren, und da die Schweifhaare mindestens 3 Jahre benötigen, bevor sie den Fesselkopf wieder erreicht haben, muss man hier vorsichtig sein!
- Mit zwei Schwämmen sorgt der Zweibeiner dafür, dass der neue Freund auch im Gesicht, an den Augen und Nüstern, und hinten herum, an Euter, Schlauch und After, frisch bleibt.

▸ Mit einem Wolllappen kann dann auch noch der ganz feine Reststaub entfernt werden.

▸ Mit Huffett werden die Hufe geschmeidig gehalten und auf Hochglanz gebracht.

▸ Wem dies alles nicht reicht, der kann dann auch noch Fellglanz-, Mähnen- und Schweifspray zum Einsatz kommen lassen.

▸ Für das tägliche Training dürfte dies zum Putzen genügen. Für die Prüfung kommen dann noch das Einflechten der Mähne und sogar des Schweifes hinzu.

Merke

Eltern und Partner sollten so früh wie möglich über diesen Teil des Hobbys aufgeklärt oder ganz einfach mit einbezogen werden. Beziehungspflege funktioniert nun mal nicht über Dritte und Putzen dauert seine Zeit.

Pferdefütterung

Natürlich übernimmt die Fütterung in der Regel der Besitzer der Anlage oder ein Angestellter. Man stelle sich nur die Unruhe vor, wenn tatsächlich 20 Personen gleichzeitig und durcheinander laufend genau nur ihren Vierbeiner bedienen oder gar das empörte Gebaren der Vierbeiner, wenn das erste Pferd bereits um 5:00 Uhr Frühstück bekommt und das letzte erst um 9:00 Uhr mit seiner ersten Mahlzeit versorgt wird. Dass die Fütterung regelmäßig von anderen erledigt wird, bedeutet aber auf keinen Fall, dass der Reiter und Pferdebesitzer in diesem Punkt nichts wissen muss. Schließlich müssen Fachgespräche mit dem Futtermeister über die richtige Ration geführt werden. Oder wie kann das Preis-Leistungs-Verhältnis eines Einstellerbetriebes überprüft werden, wenn keinerlei Grundkenntnisse vorhanden sind?

Damit die Informationen zu dieser Thematik überschaubar und leicht lernbar sind, hier die wichtigsten im Überblick:

▸ Pferde brauchen täglich mindestens 40–60 Liter Wasser. In der Regel sind Selbsttränken zur Selbstbedienung vorhanden – ob sie jedoch intakt und sauber sind, hat der Reiter regelmäßig zu kontrollieren.

So macht Theorie Spaß: anschaulich und begreifbar.

- Pferde und Ponys brauchen mindestens drei, besser noch fünf Mahlzeiten täglich, da sie nur einen kleinen Magen, dafür aber einen schier endlosen Darmtrakt besitzen.
- Pferde benötigen Saftfutter (Gras, Rüben, Möhren), Raufutter (Heu, Stroh) und Kraftfutter (Hafer, Pellets). Die Menge des Futters richtet sich vornehmlich nach der Körpergröße des Pferdes und seinem täglichen Arbeitsprogramm.
- Pferde benötigen auch Einstreu (Stroh, Sägespäne) für ihre Box, die regelmäßig erneuert werden muss. Sonst wird der Stall zur Brutstätte für Krankheitserreger oder stinkt nach Ammoniak.
- Pferde sind in der freien Natur 12 bis 16 Stunden mit der Nahrungsaufnahme beschäftigt. Wer ihnen einen anderen Rhythmus auferlegt, muss beachten, dass Pferde Verdauungspausen von etwa 60 Minuten nach den Mahlzeiten brauchen.
- Minerallecksteine sind wichtig, um die Pferde mit Vitaminen und Mineralien zu versorgen.

Pferdehaltung

Der Pferdebesitzer sollte sich Gedanken darüber machen, welche Anlage in der näheren oder weiteren Umgebung am besten zu der eigenen Einstellung und Reitweise passt.
Auf Dauer ist es vermutlich sehr unbefriedigend, der einzige Freizeitreiter in einem Turnierstall (oder umgekehrt) zu sein. Mit wem über den Erfolg bei einem Turnier quatschen oder woher einen Mitreiter für das Gelände nehmen?

Hier die wichtigsten Unterbringungsarten:

- Bei der **Robustpferdehaltung** werden die Pferde und Ponys ganzjährig auf einer Weide mit Unterstand gehalten. Das Haarkleid der Vierbeiner entspricht der Jahreszeit und der Zweibeiner darf keinesfalls Angst davor haben, sich schmutzig zu machen, denn nicht selten ist „Gummistiefelwetter".
- Bei der **Offenstallhaltung** können die Pferde zwischen drinnen und draußen wählen. Die Weidefläche pro Pferd ist begrenzt, dafür gibt es aber genügend Auslauffläche und Zusatzfutter im eigenen Fressstand. Hier braucht der Reiter schon ein bisschen Mut und Überblick, um seinen Sportkameraden gefahrlos aus der Herde zu holen. Er braucht aber auch kein schlechtes Gewissen zu haben, wenn er mal an einem Tag in der Woche keine Zeit für sein Pferd hat. Das steht nämlich nicht wartend in der Box, sondern bewegt sich ganz einfach mit seinen Artgenossen.

- Bei der **Boxenhaltung** steht jedes Pferd in seiner eigenen Mini-Wohnung. Ohne große persönliche Umstände ist ein solches Pferd für den Reiter greifbar. Mit diesem Entgegenkommen wächst aber auch der persönliche Einsatz des Reiters. Hier ist kein Artgenosse, der Beziehungspflege oder Bewegung übernehmen könnte, in Sicht. Und es ist kein ausreichender Raum, der das Reiten mal erübrigt, vorhanden. Die Entscheidung über die Unterbringung hängt von der Reitweise, dem Terminkalender und der Geldbörse ab (Gast/Gast: Pferdekauf in der Praxis, Stuttgart 2002).

Schöne Aus- und Ansichten

Mein Pferd und ich als Fußgänger – Führen

Leider passieren die meisten Unfälle mit Pferden nicht etwa auf oder vom Pferderücken, sondern im Umgang mit diesen eigentlich doch so friedlichen Tieren. Bedenke daher:

- Pferde sind immer umsichtig und vorausschauend zu führen. Man führt immer weit genug um Artgenossen herum, damit sich diese nicht plötzlich bedroht fühlen und vielleicht sogar ausschlagen.
- Pferde sind eigentlich mit der rechten Hand zu führen und meistens auch daran gewöhnt. Linkshänder sollten jedoch ruhig ihre starke Seite benutzen und von rechts führen, bevor sie dem Pferd Ungeschick und sogar Schwäche signalisieren.
- Wendungen werden vom eigenen Körper weg durchgeführt, das bedeutet, das Pferd läuft auf dem kleinen Innenradius und der Führer außen herum. Unachtsamkeiten in diesem Punkt führen schnell zu blauen Zehen.
- Auch am Boden hat der Mensch den ranghöheren Artgenossen zu ersetzen. Wer sich beim Führen sozusagen auf der Nase herumtanzen lässt, der muss sich nicht wundern, wenn das unter dem Sattel irgendwann auch der Fall ist!!!

Ausrüstung: Satteln und Trensen

Neben dem eigenen Putzzeug besitzt jedes Pferd und jedes Pony seine eigene Ausrüstung. Bei Schulpferden handelt es sich dabei in der Regel um einen Sattel mit Unterlage(n), eine Trense, ein bis zwei verschiedenen Hilfszügeln, Gamaschen (selten Bandagen) und vielleicht sogar eine Abschwitzdecke.

Unten siehst du, wie die Sache mit dem „**Anziehen**" und „**Umziehen**" funktioniert:

- Wichtig ist, dass alle Ausrüstungsgegenstände regelmäßig gepflegt und auf eventuelle Bruchstellen hin untersucht werden und nur ordentlich verschnallt oder glattgezogen zum Einsatz kommen.
- Außerdem müssen alle Ausrüstungsgegenstände sauber gemacht oder gewaschen werden, um nicht nur Unbehagen von Seiten des Pferdes sondern auch Druckstellen vorzubeugen.
- **Routine beim Satteln und Trensen bekommt man nur durch Satteln und Trensen: Also dann nichts wie ran und dran bleiben.**

Das am Halfter angebundene Pferd wird zunächst gesattelt und dann getrenst.

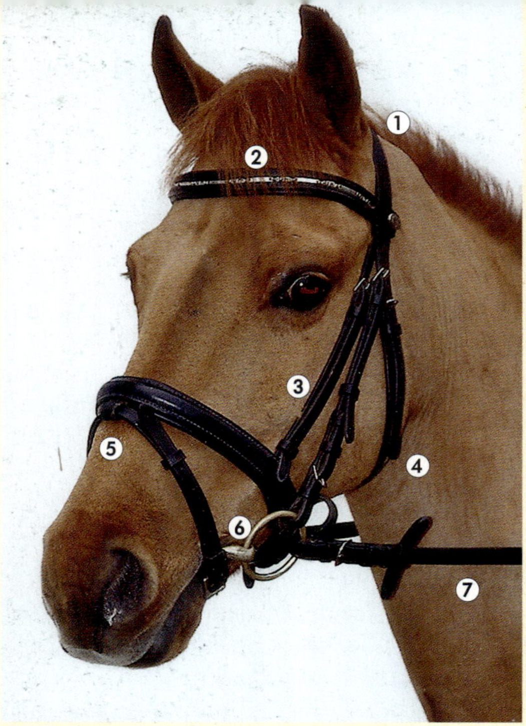

① Genickstück, ② Stirnriemen, ③ Backenstücke, ④ Kehlriemen, ⑤ Nasenriemen mit Sperrriemen, ⑥ Gebiss, ⑦ Zügel

① Sattelkammer, ② Sitzfläche, ③ Sattelkranz, ④ Sattelblatt, ⑤ Sattelpauschen, ⑥ Steigbügelriemen, ⑦ Steigbügel mit Steigbügeleinlage, ⑧ Sattelgurt, ⑨ Gurtstrupfen

Entwicklungsgeschichte: Exterieur und Grundgangarten

Die Geschichte der Pferde ist zwar imponierend lang, aber hier wird nicht auf die rund 60 Millionen Jahre – sondern nur auf die **Ergebnisse** eingegangen:

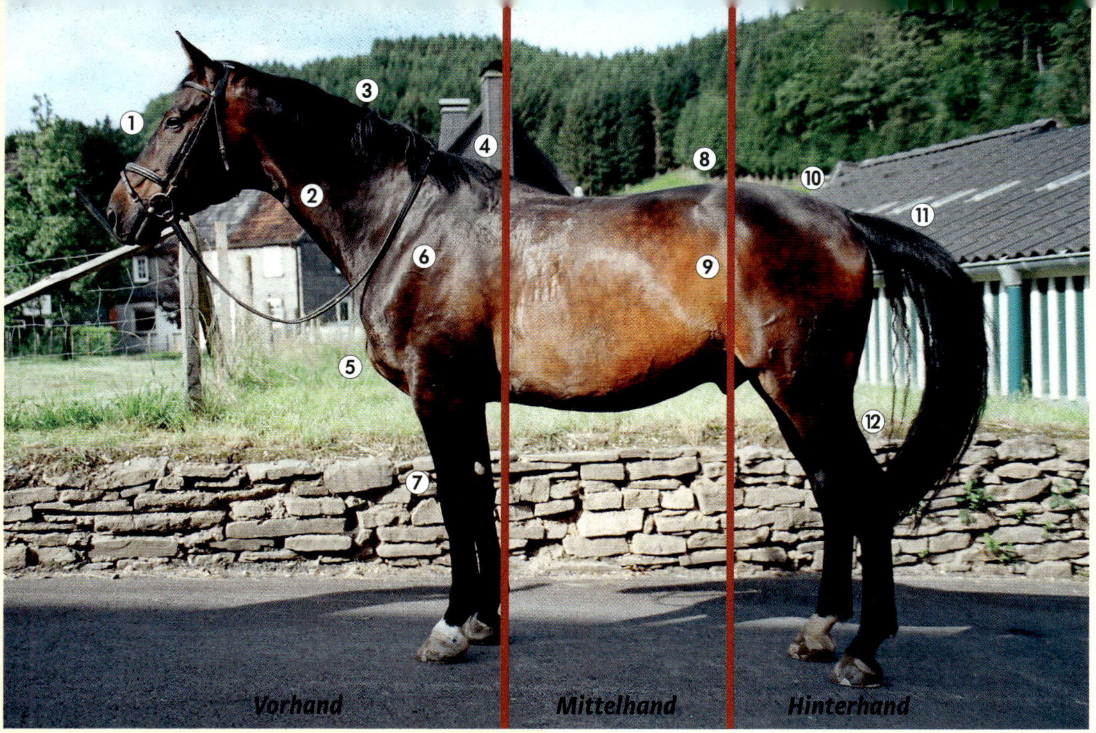

① Kopf, ② Hals, ③ Mähne, ④ Widerrist, ⑤ Brust, ⑥ Schulter, ⑦ Vorderbeine (Vorderfußwurzelgelenk, Fessel, Huf), ⑧ Rücken, ⑨ Flanke, ⑩ Kruppe, ⑪ Schweif, ⑫ Hinterbeine (Knie, Sprunggelenk, Fessel, Huf)

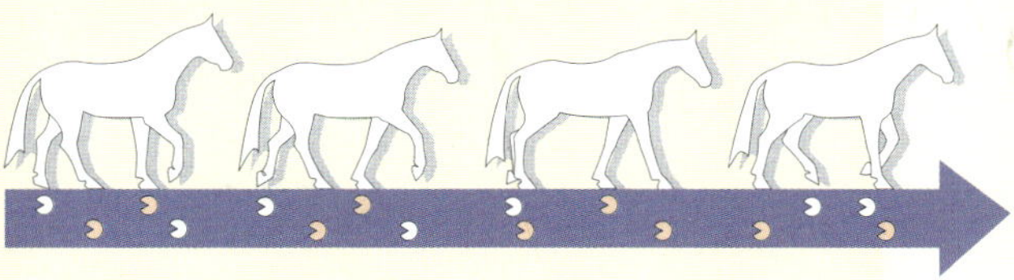

Neben dieser kleinen Rassenauswahl und Körperkunde hier nun noch nebenstehend die bekanntesten Grundgangarten als Fußfolgenserie und im Foto (nächste Seite).
Schritt

Trab

Rechtsgalopp

Schritt

Trab

Linksgalopp

Darüber hinaus sei zumindest erwähnt, dass einige Pferderassen (wie Isländer oder Paso Finos) über die Gangarten Tölt und Pass verfügen, die ebenfalls eine ganz charakteristische Fußfolge kennzeichnet. Der Vollständigkeit halber solltest Du wissen: Pferde sind Flucht-, Lauf- und Herdentiere. Das heißt zum einen, dass sie die Geselligkeit lieben, und zum anderen, dass sie auf vermeintliche Gefahr am liebsten mit Flucht reagieren. Ihr Bewegungsapparat und ihre Sinnesorgane sind auch heute noch darauf ausgelegt.

▸ Pferde können besser sehen, hören, riechen, schmecken oder fühlen als Menschen. Sie können fast ganz um sich herum sehen, mit ihren Ohren für uns Ungeahntes wahrnehmen und sogar im Schlaf Fliegen durch Zuckungen abwehren. Außerdem reagieren Pferde auf Stimmen und Stimmungen und sogar auf unangenehme Gerüche, wie z. B. Schweiß oder Alkohol. (Re-)Aktionen sind also zu hinterfragen, **nicht** zu ahnden.

Stolz auf das Abzeichen und die Turnierteilnahme

Die Prüfung

Bei der Prüfung ist nicht nur der individuelle Einsatz im Sattel gefragt, sondern auch eine Gruppenprüfung in puncto Theorie. Gruppenprüfung heißt, wenn der eine oder die andere trotz guter Vorbereitung mal etwas nicht weiß, greifen die anderen einfach ein, und zum Schluss haben dann auch wirklich alle ihr Motivationsabzeichen.

Kleines -, Großes- und Kombiniertes Hufeisen sowie Hufeisen Westernreiten

Kleines Hufeisen

Kinder und Jugendliche, die bis zum Kalenderjahresende nicht älter als 16 Jahre werden, sind prinzipiell zu dieser Motivationsabzeichen-Prüfung zugelassen. **Die Anforderungen in puncto Theorie haben wir ja schon dargestellt, bliebe noch die Praxis.** An einem oder zwei aufeinander folgenden Tagen sollten die Anwärter im praktischen Teil folgenden Anforderungen gewachsen sein, beziehungsweise sie sogar spielend erledigen ...

APO konkret

Neben dem Pferd

- Führen mit Wendungen, Anbinden, Passieren anderer Pferde, Sicherheit auf der Stallgasse
- Körperpflege vor und nach dem Reiten
- (Mithilfe beim) Satteln, Zäumen, Bügel verschnallen

Auf dem Pferd

- Bahndisziplin, Auf- und Absitzen, Nachgurten
- Hintereinanderreiten (inklusive Hufschlagfiguren)
- Vielleicht Reiten um Cavalettis, Tonnen oder Ständer

Und das Ganze natürlich mit angemessenem Sitz, richtiger Hilfengebung und „Fairstand".

Motivationsabzeichen sind Gruppen- und Wir-Gefühl pur

Auf die Aktion neben dem Pferd sind wir schon genau eingegangen. Wir gehen davon aus, dass ihr beim Führen, Pflegen, Satteln und Trensen all das, was ihr da tut, mit entsprechende Fachwörtern belegen und intensivieren könnt. Je älter der Teilnehmer ist, desto höher ist übrigens die Erwartung der Prüfungskommission in diesem Punkt. Die Knirpse haben da einen Vorteil, aber sie sind ja auch noch viel weiter weg von irgendwelchen Leistungsabzeichen. Für sie kann ein Motivationsabzeichen eine tolle Generalprobe sein.

Vor dem Aufsteigen

Das richtige Bügelmaß wird hier beschrieben:
Die Länge des Arms bis zur Achselhöhle abgemessen, damit liegt ihr sicherlich immer ganz gut – über ein Loch hin oder her reden wir jetzt ganz einfach nicht – das wird dann später von oben aus dem Sattel heraus korrigiert.

Betreten der Bahn

Damit ihr euch nicht blamiert, solltet ihr die Bahn bereits professionell betreten: Das heißt, ihr fragt, ob die **Tür frei** ist und wartet die Antwort ab, bevor ihr mit eurem Gefährten gefahrlos ins Viereck marschiert. Entlang der Mittellinie (Verbindungslinie C–A) wird dann eventuell noch einmal nachgegurtet und dann aufgesessen.

Auf dem Weg zum sicheren, losgelassenen Sitz

Natürlich gibt es Naturtalente, denen man kaum etwas erklären muss und die von Beginn an im Sattel so geschickt sind, als ob sie nie etwas anderes gemacht oder heimlich geübt hätten. Longenstunden und Einheiten am Führzügel verhelfen aber auch den etwas Zögerlichen zum Erfolg und eignen sich später gut, um den Sitz auf Niveau zu halten oder durch gezielte Übungen noch weiter zu verbessern.

Vor dem Körper engegengesetzte Kreise beschreiben

Mit einer Hand den Bauch reiben und mit der anderen die Kappe klopfen

Rolle rückwärt aus dem Sattel

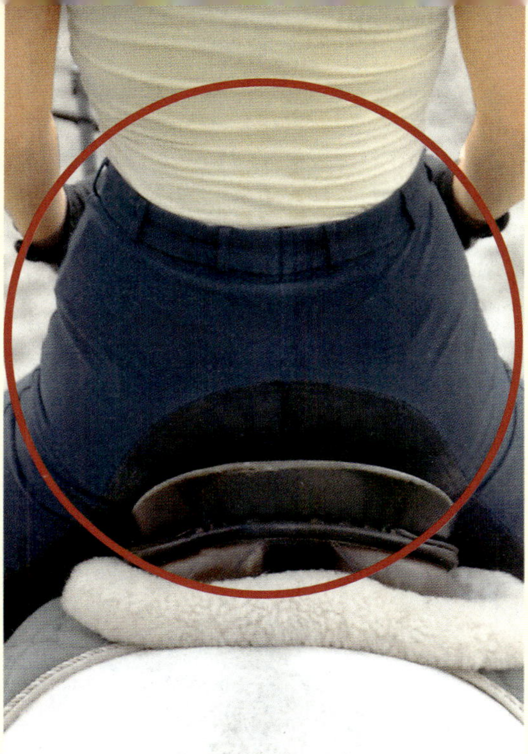

Focus: Bewegungszentrum

Hier eine Anzahl von Übungen, bei denen ihr die Hände frei haben müsst und die dafür sorgen, dass euer Becken automatisch mit der Pferdebewegung mitgeht:

- Mit den Zeigefingern vor dem Oberkörper gegeneinander Kreise beschreiben.
- Mit einer Hand den Bauch reiben und mit der anderen auf die Kappe klopfen – plus Seitenwechsel.
- Mit Zeigefingern und Daumen beider Hände ein Rechteck bilden, Druck auf die oberen Finger bringen, unten lösen und nach oben ein neues Rechteck bilden.
- Hände auf die Oberschenkel legen, dann die rechte Hand zur Nase und die Linke ans rechte Ohrläppchen führen, wieder auf die Schenkel klopfen und dann die linke Hand an die Nase und die rechte Hand ans linke Ohrläppchen führen und so weiter (siehe Fotos unten).

Wer dies und andere Übungen kann, für den ist dann sicherlich das Einnehmen des korrekten Sitzes (mit

Schon mal...

...das hier...

...ausprobiert?

Ellbogen – Handgelenk – Gebiss

Schulterblätter – Gesäß – Absatz

den entsprechenden Achsen) kein Problem mehr. Ein guter Sitz ist die Grundlage für korrekte Hilfengebung (siehe Großes Hufeisen, Seite 19) und das Hintereinanderreiten, das Durcheinanderreiten und das Einzelreiten.

Großes Hufeisen

Kinder und Jugendliche, die bis zum Kalenderjahresende nicht älter als 18 Jahre alt werden und vielleicht schon das Kleine Hufeisen haben oder dieses aus Altersgründen nicht mehr machen können, sind bei entsprechendem Interesse und Können grundsätzlich zugelassen.
Die Anforderungen in puncto Theorie wurden ja bereits an anderer Stelle so praxisbezogen wie möglich behandelt, bliebe also noch die Praxis.

An einem oder zwei aufeinander folgenden Tagen sollten die Prüflinge im praktischen Teil folgenden Anforderungen gewachsen sein, beziehungsweise sie sogar spielend erledigen ...

APO konkret

Neben dem Pferd

- Führen mit Wenden, Anbinden, Passieren anderer Pferde, Sicherheit auf der Stallgasse
- Körperpflege und Versorgung des Pferdes vor und nach dem Reiten
- Satteln, Zäumen, Bügel verschnallen

Auf dem Pferd

- Bahndisziplin, Auf- und Absitzen, Nachgurten
- Reiten eines Dressurreiterwettbewerbes
- Reiten im Außengelände, auf dem Platz und Reiten über Cavalettis und andere kleinere typische Hindernisse
- Und das Ganze, wie gehabt, mit angemessenem Sitz, richtiger Hilfengebung und „Fairnunft“.

Bahndisziplin

Die Aktivitäten neben dem Pferd sind sicherlich inzwischen bekannt. Kommen wir also wieder direkt zur

Auch Abteilungsreiten will gelernt sein.

Bahndisziplin (Teil II). Damit in der Halle auch dann kein Chaos ausbricht, wenn niemand konkrete Kommandos ausspricht, ist es wichtig, die **Tempo- und Vorfahrtregelungen** zu beachten.

Das wären:

- Der oder die Langsameren geben den Hufschlag frei. Reite ich noch Schritt, während andere bereits traben, tue ich dies aus Sicherheitsgründen auf dem dritten oder vierten Hufschlag.
- Begegnen sich zwei Reiter in gleichem Tempo, so hat der auf der rechten Hand reitende (frühzeitig) auszuweichen oder abzuwenden.
- „Ganze Bahn vor Zirkel" bedeutet: reitet ein Aktiver ganze Bahn und ein anderer auf dem Zirkel, so muss der auf dem Zirkel dem anderen „Vorfahrt" gewähren.

Die Sache mit der Hilfengebung

Korrekte Hilfengebung kann nur aus einem soliden Sitz heraus erfolgen. Wer also mit sich und dem „Obenbleiben" noch genug zu tun hat, sollte keinem Pferd seine eigenen Aufforderungsversuche zumuten! Hilfengebung kann eigentlich auch mit „**wortloser Verständigung**" zwischen Reiter und Pferd übersetzt werden. Die Körpersprache sollte aber eindeutig sein, damit bei demjenigen, für den die Signale gedacht sind, keine Fehlmeldungen eingehen.

Grundsätzlich werden **Gewichts-, Schenkel- und Zügelhilfen** unterschieden. **Stimmhilfen** können eine äußerst praktische Zusatzhilfe sein.

Eigentlich ja eine ganz klar abgegrenzte Sache, aber Reiten besteht eben nicht aus einer immer wieder anderen Abfolge dieser drei Hilfen, sondern aus deren immer wieder anderem **Zusammenspiel**.

Wir haben fair-standen! Wir machen noch mehr Motivationsabzeichen!

Reiterin im Entlastungssitz

Annehmen und Nachgeben im richtigen Moment will genau so gelernt werden, wie Be- und Entlastung oder die richtige Positionierung der Beine. Jede Gangart verlangt unterschiedliche Hilfen, jeder Richtungswechsel und jedes Durchparieren erst recht. Um das alles zu begreifen, braucht man schon etliche Stunden im Sattel, einen einfühlsamen Ausbilder und ein nicht nachtragendes Pferd oder Pony. Dann klappt es auch mit dem Großen Hufeisen.

Draußen Reiten – über Hindernisse

Wer erwartet, in diesem Ratgeber auf zwei Seiten zusammengefasst all das zu erfahren, was aus einem Reiter einen Springreiter macht, den müssen wir leider enttäuschen. Wir würden das zwar gern tun, aber es ist schlicht und ergreifend unmöglich. Euch bleibt also nicht erspart, eurem Reitlehrer genau zuzuhören und noch weitere Bücher zu wälzen, um über Cavalettis, Stangen oder gar Baumstämme und Bürsten (=Minihecken) zu gelangen. Aber keine Angst, wenn euch euer Ausbilder zutraut, das Große Hufeisen zu machen, dann hat er sich schon etwas näher mit euren Qualitäten im Sattel beschäftigt. Außerdem werdet ihr zunächst drinnen das Reiten mit verkürzten Bügeln und im leichten Sitz (= Entlastungssitz) üben, bevor es über die Minihindernisse geht. Hand aufs Herz, die sind in der Regel so niedrig, dass es maximal ein Problem des Kopfes ist, nicht störungsfrei hinüber zugelangen. Also nur Mut und an den Vierbeiner geglaubt, dann ist auch dieser Prüfungsteil kein Grund zur Sorge.

Viel Spaß beim ersten Sprung!

Kombiniertes Hufeisen

Kinder und Jugendliche, die bis zum Kalenderjahresende nicht älter als 18 Jahre alt werden, sind auch prinzipiell bei dieser Motivationsabzeichen-Prüfung zugelassen.

Im Gegensatz zu den schon bekannten Prüfungen besteht das Kombi-Hufeisen nicht aus einem praktischen und einem theoretischen Teil, sondern aus verschiedenen Praxisblöcken. An einem oder zwei aufeinander folgenden Tagen haben die Prüflinge im Rahmen des „Pferdeblocks" zu Reiten und/oder zu Voltigieren und aus dem „Ergänzungsblock" eine oder zwei weitere sportliche Betätigungen zu wählen und zu absolvieren.

Wir gehen davon aus, dass auch ein Kombi-Hufeisen-Aspirant das Führen, Pflegen, Satteln, Trensen und vor allem die Sicherheitsaspekte beherrscht. Wir möchten hier Appetit auf die Kombi-Prüfung machen, indem wir ganz einfach drei denkbare **Praxismodelle** vorstellen (siehe Seite 21). Natürlich gibt es noch uneingeschränkt weitere Möglichkeiten – aber mit einem brauchbaren Konzept in der Hand entwickeln sich die eigenen Wünsche viel leichter.

Apropos Wünsche: Neben den bereits aufgeführten Möglichkeiten sind aber sicherlich auch nicht aufgeführte denkbar. Das heißt, euer Ausbilder sollte sich mit der FN direkt in Verbindung setzen, damit eure neue Trendsportart auch in Verbindung mit Reiten eine Chance bekommt.

APO komprimiert

1. Grundblock

- Reiten einer von den Bewerbern selbstständig zusammengestellten (Gruppen) Aufgabe, zwei bis vier Teilnehmer
- Reiten mit verkürzten Bügeln einschließlich Überwinden kleinerer Hindernisse (Cavaletti, Kreuz)
- Absolvieren eines von den Bewerbern selbstständig zusammengestellten Geschicklichkeitsparcours
- Oder Voltigieren

2. Grundblock

- Laufen oder Schwimmen oder Inline Skaten
- Radfahren oder Mountainbiking
- Skilaufen oder Skilanglauf
- Mannschaftssportarten (15 Minuten): Handball oder Fußball oder Basketball oder Volleyball oder Hockey oder...
- Spiele (3 verschiedene) (siehe 365 Ideen)
- Streckenritt gem. 365 Ideen für d. Breitensport

Und das Ganze natürlich den reiterlichen und sportlichen Grundsätzen gemäß.

Kombi-Hufeisen-Praxis-Modelle

Modell I

Reiten z.B.

- Reiten einer Dressurprüfung der Kl. E (siehe FN-Aufgabenheft)

Einen kleinen Oxer überspringen

Durch Stangen reiten

- Reiten mit verkürzten Bügeln auf dem Außenplatz, wenn möglich auch über Bodenwellen
- Springen einer kleinen Gymnastikreihe (vier Sprünge), eventuell In-out-Sprung
- Geschicklichkeitsparcours:
  - Durchreiten eines **L** und eines **U**
  - Über eine Wippe reiten
  - Bierdeckel von einem Ständer zum anderen transportieren

Handball (15 Minuten) z.B.

Dribbeln, Passen, Fangen, Ziel-(Tor)wurf, Sprungwurf

Hockey (15 Minuten) z.B.

Vorhand-und Rückhanddribbling,

Doppelpass, Vorhand- und Rückhandzieher, Torschuss

Modell II:

Reiten z.B.

- Reiten eines Dressurreiterwettbewerbs inklusive der Beachtung der die Hufschlagfiguren unterstützenden Kegel, Stangen oder Blöcke.
- Reiten mit verkürzten Bügeln auf einem Mini-Geländeritt
- Springen eines Mini-Parcours (drei Sprünge jeweils von beiden Seiten)
- Geschicklichkeitsparcours:
  - Eier- oder Golfballtransport über eine vorgegebene Strecke
  - „Tonnenrennen“: Umreiten von drei Tonnen mit vorgeschriebenem Weg – mehr oder weniger in Westernmanier (barrel-racing)
  - Durchreiten eines Flatterbandtores (siehe oben)

Inline Skating 30 Minuten
Streckenritt gem. 365 Ideen für den Breitensport

Modell III:
Reiten z.B.

- Reiten einer vierminütigen Musik-Quadrille in allen drei Grundgangarten
- Reiten mit verkürzten Bügeln beim Witwe-Bolte-Gedächtniszirkel: Alle vier Reiter verteilen sich auf einer Hand gleichmäßig auf dem Zirkelbogen. Dann erhält jeder das Ende einer (verkürzten) Longe in die Hand. Die freien Longenenden sind miteinander verknotet. Wie lange schaffen sich die vier Reiter (in jeder Gangart) im Kreis zu drehen, ohne dass der Knoten den Boden berührt?
- Springen eines Springreiterwettbewerbs (Hindernisse mit maximal 65 cm)
- Geschicklichkeitsparcours:
  - Wasser-/Sprudeltransport (mit Messbechern in Eimer, über eine vorgegebene Strecke)
  - Slalomritt um circa sechs Ständer
  - Eine bestimmte Strecke reiten, dann absteigen, mit Pferd am Zügel in einen Blaumann krabbeln, ohne Hilfe aufsteigen und zurückreiten

Schwimmen 15 Minuten
Mountainbiking 30 Minuten

Nun, auf den Geschmack gekommen?
Dann nichts wie hin zu eurem Ausbilder und euren Reiterkameraden, um die Ideen durchzusprechen und möglichst bald einen Lehrgang mit Training in allen Disziplinen und anschließender Prüfung durchzuführen.

Hufeisen Westernreiten

Zugelassen sind alle Reiter – egal wie alt. Die aus einem praktischen und theoretischen Teil bestehende Prüfung ist vergleichbar den Anforderungen im so genannten Englisch-Reiten. Es geht um Basis-Anforderungen und nicht um Spitzen-Leistungen. Neben dem Handling des Rosses ist eine einfache Horsemanship-Aufgabe zu lösen. Das Ganze wird noch besprochen, bevor auch hier das Ergebnis beider Prüfungsteile „bestanden“ lautet. Bei Interesse an diesem Hufeisen ist die Kontaktaufnahme mit Reitern und Ausbildern dieser Disziplin empfehlenswert. Außerdem ist die Lektüre der einschlägigen Literatur vonnöten, damit man praktisch und theoretisch auf der Höhe und damit bald auch im Besitz dieses Hufeisens ist.

Rund um das FN-Sportabzeichen Reiten

Dieses brandneue Motivationsabzeichen ist für Pferdesportler jeden Alters gedacht. Für erwachsene Pferdesportler soll es ein ausgewogenes Ausbildungsangebot bieten und die Streichung der Reiternadel (-prüfung) möglichst vergessen machen, Kinder und Jugendliche sollten es in Ergänzung ihres DOSB Sportabzeichen oder der Deutschen Reitabzeichen absolvieren.

Aufgabe bzw. Grundgedanke des FN-Sportabzeichens ist es...

- die Fitness des (Pferde-)Sportlers durch (Pferde-) Sport präventiv zu fördern bzw. auszubauen.
- dem (Pferde-)Sportler grundlegende Kenntnisse & Fertigkeiten im Umgang mit dem Pferd zu vermitteln
- und last but not least eine sinnvolle und vielseitige, an den Richtlinien für Reiten und Fahren orientierte Ausbildung im (Pferde-)Sport zu fördern.

Was die grundlegenden Kenntnisse bzw. Kompetenzen im Umgang mit bzw. bzgl. der Verantwortung für die Pferde betrifft, so empfiehlt sich die Lektüre der vorhergehenden Seiten.

Insgesamt besteht das Abzeichen (an einem oder an zwei aufeinanderfolgenden Tagen abzulegen) aus vier Teilen, die eigentlich jedoch jedem durch die Teilnahme am entsprechenden Vorbereitungslehrgang (inkl. Generalprobe) spielend gelingen müssten...

APO komprimiert

Reiten in der Gruppe

- Reiten einer gemeinsam mit dem Ausbilder zusammengestellten (reitweisenspezifischen) Aufgabe (unter Einbeziehung aller 3 Grundgangarten)

Reiten eines Geschicklichkeitsparcours

- Gemeinsam mit dem Ausbilder wird ein Kurs zusammengestellt, bei dem Hindernisse durchritten und überwunden werden müssen (d.h. z.B. Stangenlabyrinth, Slalom, Cavaletti, Kreuz, Geländeaufgabe etc.) – selbstverständlich mit angemessener Bügellänge im Leichten Sitz und die speziellen Ansprüche der verschiedenen Reitweisen berücksichtigend.

Fitnesstest

- Es geht im Wesentlichen um einen Fitness-/Koordinationstest zu Beginn und am Ende des Lehrgangs zum FN Sportabzeichen Reiten
- Im Idealfall hat jeder TN nach Lehrgangsende bessere „Werte“ in punkto...
- Beweglichkeit
- Kondition
- Koordination (siehe FN Merkblatt)

Ergänzungssport

- Laufen
- Schwimmen
- Radfahren/Mountainbiking
- Ski-Langlauf
- (Nordic) Walking
- Funktionsgymnastik
- Ballsport (z.B. Fußball, Handball, Dreierball, Völkerball)
- Der Einsatz ergänzender Alternativsportarten liegt im Ermessen des Lehrgangsleiter.

Lehrgang für (Wieder-)Einsteiger?

Was, Sie meinen das wäre für Sie als Späteinsteiger oder Wiedereinsteiger nichts?!? Finden wir nicht, denn wie könnten Sie Ihr Wissen in punkto Pferd und Reiten besser unter Beweis stellen, als auf diese Art und Weise?!? Gemeinsam mit Gleichgesinnten an einem kleinen Lehrgang teilzunehmen und anschließend sein Wissen auch an den Mann oder die Frau zu bringen ist doch eine tolle Sache, oder?!? Außerdem klappt mit der richtigen Einstellung fast alles und das sind sie dem Pferd gegenüber doch auch schuldig, zu versuchen alles mit bestem Wissen und Gewissen zu machen. Die Alternative wäre, einsam und allein vor sich hin zu „bröseln"– sicherlich nur eine Notlösung.

Tierschutzgesetz

In diesem Zusammenhang sei auch kurz auf das Tierschutzgesetz verwiesen. Darin steht u. a., dass niemand einem Tier ohne vernünftigen Grund Schmerzen, Leiden oder Schäden zufügen darf. Bei Nichtbeachtung des Tierschutzgesetzes kann ein Tier dem Halter entzogen werden. Außerdem können Strafen und Bußgelder verhängt werden. So viel zum Tierschutzgesetz, wer noch mehr oder Genaueres wissen möchte, kann dies auch in der LPO nachlesen, denn dort ist ein Auszug aus dem Tierschutzgesetz abgedruckt. Nicht nur für die Motivationsabzeichenprüfung sollte schon jeder wissen, um was es da geht und wie es um die Rechte der Tiere steht.

Gelungene Kontrolle

Für (Wieder-)Einsteiger ist das Sportabzeichen übrigens auch eine gelungene Überprüfung und Kontrolle, falls er/sie doch vielleicht noch mal zurück zum Turniersport tendieren oder sich irgendwann sogar auch noch einer Leistungsabzeichenprüfung unterziehen wollen, denn bei dem Sportabzeichen heißt es im besten Falle „erfolgreiche Lehrgangsteilnahme" = Urkunde - es werden aber nicht gleich Wertnoten verteilt, mit denen man sich vielleicht sofort in eine Schublade gesteckt fühlt – hier können (Selbst-) Erfahrungen gemacht werden: bin ich noch/wieder **fit** genug, um daraus wieder Leistungssport zu machen, habe ich die Nerven für derartige Aufgaben noch. Habe ich das richtig Pferd für mich und meine Ambitionen?

Lehrgangsabschluss

Nun aber weiter mit Lehrgangsinhalten und -abschluss bzw. –bewertung: Auf die Kompetenzen neben dem Sattel sind wir ja bereits auf den vorausgehenden Seiten ausführlich eingegangen. Wir gehen davon aus, dass Abzeichenaspiranten schon im Interesse ihrer vierbeinigen Partner auch diesen Ratgeberteil gewissenhaft durcharbeiten bzw. bearbeitet haben.

Reiten in der Gruppe – in der Reitbahn

Damit das mit dem Reiten in der Gruppe von zwei bis vier Reitern auch funktioniert, hier zunächst eine Zusammenfassung des Wissenswerten rund um die bzw. in der Reitbahn.

Um ein unfallfreies und geordnetes Reiten zu gewährleisten, ist es wichtig , dass jeder Reiter zum Einen die Bahnordnung beherrscht (auf die sind wir auf S. 19 ja bereits näher eingegangen), denn die gewährleistet, dass die Reiter in Reitbahnen oder auf Reitplätzen gemeinsam ohne gegenseitige Behinderung trainieren können und zum Anderen eine gewisse Bahndisziplin an den Tag legt. D.h. Vorausschauendes Reiten und auch mal die Bahn frei geben, wenn man merkt, dass der/die Mitreiter noch nicht so geübt sind oder auch mal Schwierigkeiten bei der Verständigung mit dem Pferd haben. Dafür ist es absolut wichtig, dass jeder Reiter immer nach vorn schaut (und nicht wie oft zu beobachten aufs Pferd) und zwar dorthin, wo er/sie hinreiten möchte, um auch ent-

Reiten in der Gruppe (restliche Anforderungen siehe Fotoleiste Seite 28)

sprechend schnell reagieren zu können, damit ein rechtzeitiges Ausweichen auch möglich ist.

Bedenke: Der Blickwinkel des Reiters ist nicht identisch mit dem des Pferdes!

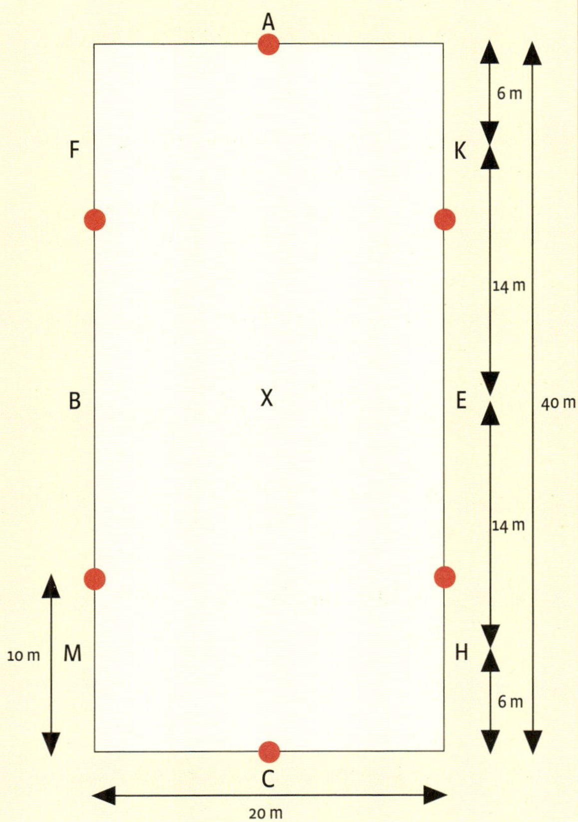

Die Hufschlagfiguren

Werden die Hufschlagfiguren korrekt geritten, kann eigentlich jeder auch im Ansatz erkennen, was die Mitreiter für einen Weg einschlagen und so entsprechend früh die Bahn frei machen. Damit wären wir auch schon bei unserem nächsten Thema: Die Hufschlag- oder Bahnfiguren.

Die schriftlich genauer zu beschreiben, wäre zu viel des Guten, deswegen setzen wir hier zur Vermittlung lieber auf Zeichnungen. Wir gehen von einer Reitbahn mit den üblichen Maßen von 20 x 40 m aus. Es gibt auch noch größere, wenn es um offizielle Maße für Turniere geht (20 x 60 m), aber dies ist hier nicht so wichtig. Wir bleiben bei 20 x 40 m bzw. den dazugehörigen Buchstaben (siehe Abbildung links).

Hier sind die Markierungen wie folgt: Die Buchstaben A und C kennzeichnen jeweils die Mitte der kurzen Seiten und die Punkte E und B die Mitte der langen Seiten. Die vier Wechselpunkte (M,F,K,H) sind jeweils 6 m von der kurzen Seite entfernt. Die Punkte oder Kreise – 10 m von den kurzen Seite entfernt – sind die sogenannten Zirkelpunkte, die gemeinsam mit „X" den jeweiligen Zirkel begrenzen.

Sie haben den Punkt X auf keiner Linie in unserem Viereck gefunden? Eigentlich liegt der unsichtbare Punkt inmitten der Bahn auf ganz vielen Linien, wie Sie bei den nun folgenden Bahnfiguren feststellen können:

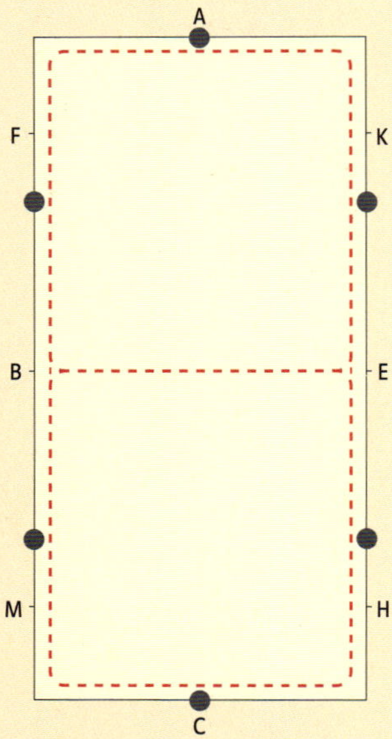

Ganze Bahn und halbe Bahn

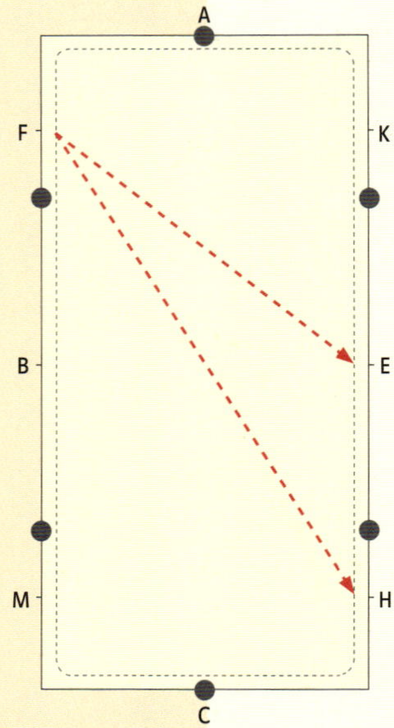

Durch die ganze und durch die halbe Bahn wechseln

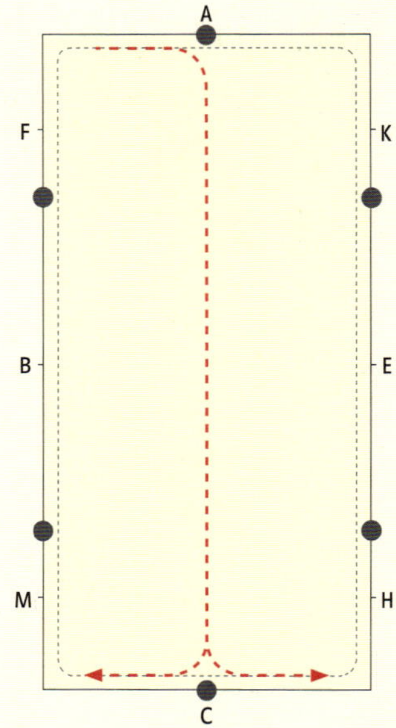

Durch die Länge der Bahn geritten und wechseln

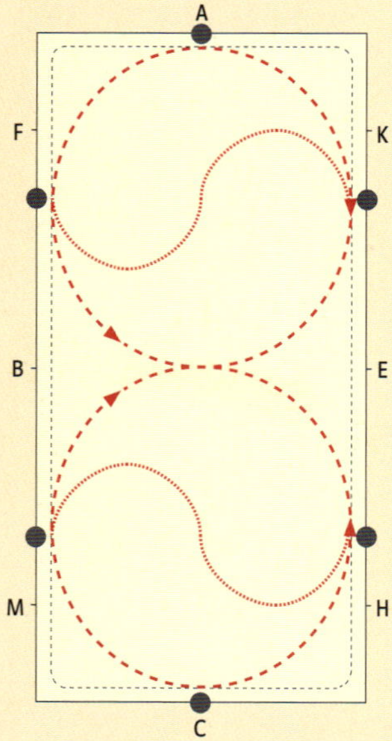

Auf dem Zirkel geritten/aus und durch den Zirkel wechseln

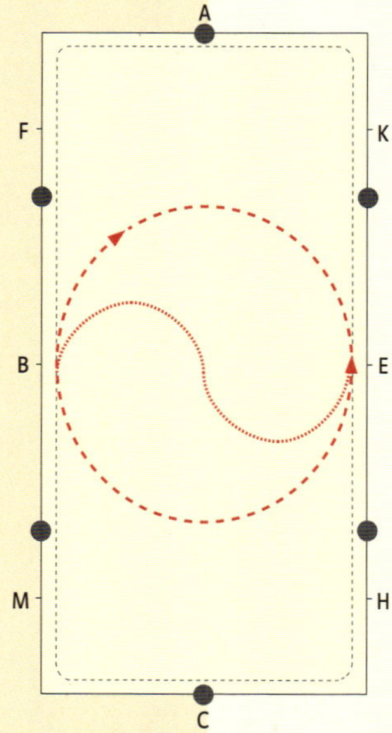

Mittelzirkel und durch den Mittelzirkel wechseln

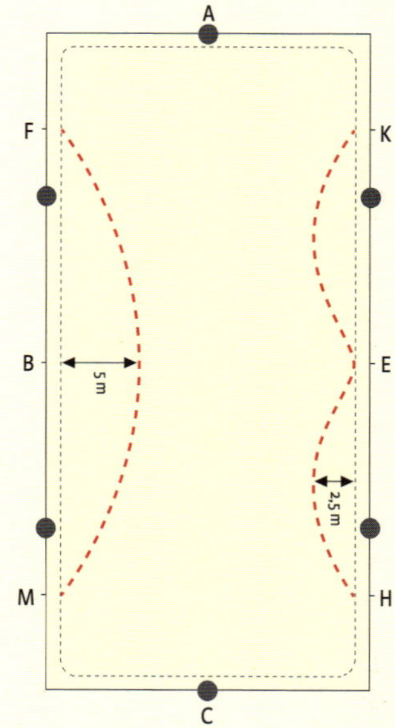

Einfache und doppelte Schlangenlinie an der langen Seite

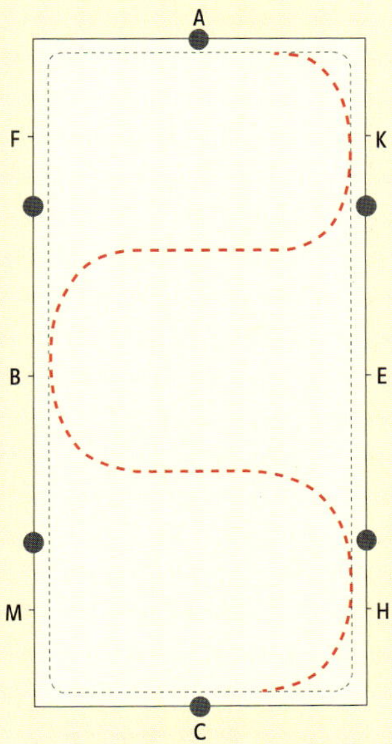

Schlangenlinie durch die Bahn, 3 Bogen

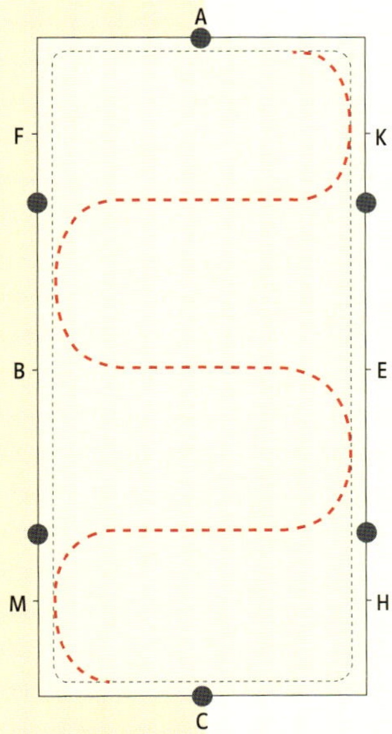

Schlangenlinie durch die Bahn, 4 Bogen

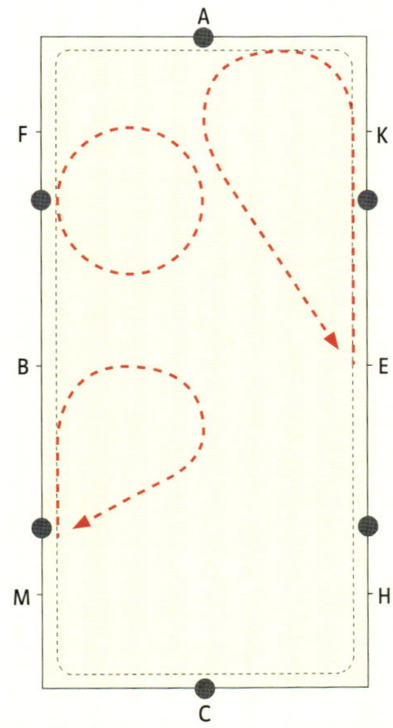

Aus der Ecke kehrt, Kehrtvolte und Volte (an 2 Stellen D = 10 m)

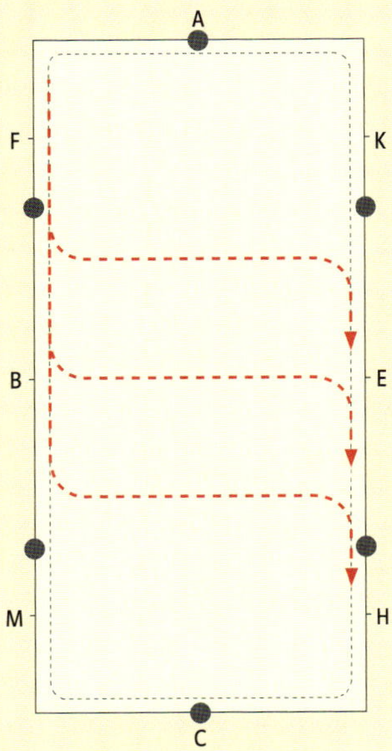

Abteilung links um und rechts um

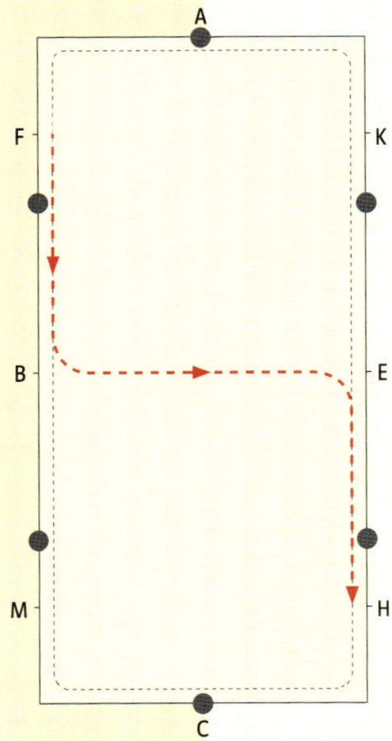

Anfang links um und rechts um

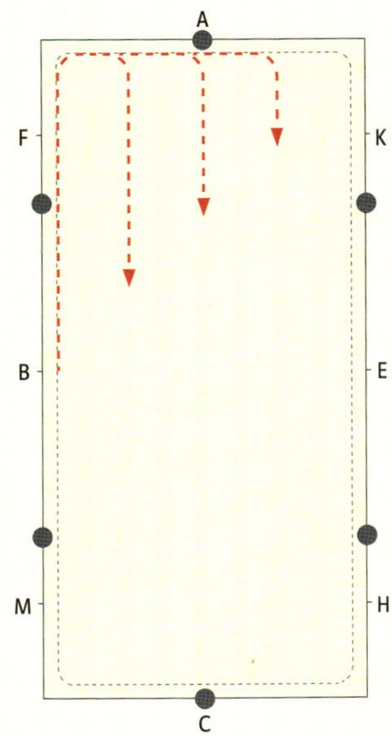

Aufmarschieren (Anfang rechts dreht links marschiert auf)

Bahnfiguren sind besonders schnell und leicht zu lernen, wenn mit optischen Hilfsmitteln gearbeitet wird:

Geschicklichkeitsparcours

Fitnesstest

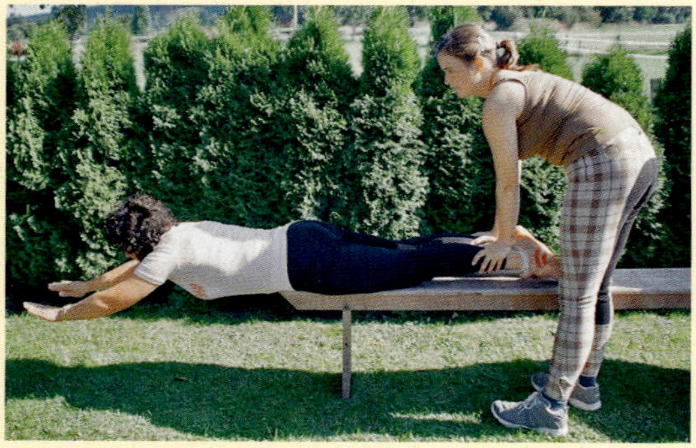

Ergänzungssport

Bahnpunkte

Apropos lernen! Sie haben Schwierigkeiten sich die Anordnung der Bahnpunkte zu merken? Wir haben da einen Tipp für Sie:

Mein **B**ester **F**reund **A**nton **K**ann **E**inen **H**eben. **C**herio!

Und sicherlich gibt's in ihrem Reitstall auch noch eine (landestypische) Variante. Nachfragen lohnt sich.

Und wenn die Hufschlagfiguren noch nicht so ganz sitzen sollten, dann nehmen Sie doch einfach Papier und Bleistift zur Hand und „reiten" so lange über das Blatt, bis Sie auch diese beherrschen.

Am Ende des Lehrgangs stellen dann Reiter und Ausbilder aus diesem „Ideenpool" eine Aufgabe zusammen, die ca. 5 Minuten abwechslungsreich füllt und auch alle drei Grundgangarten beinhaltet.

Reiten eines Geschicklichkeitsparcours

In der Pferdeszene mittlerweile etabliert ist die sogenannte Gelassenheitsprüfung (GHP). Dabei absolviert der Pferdsportler mit einem Pferd an der Hand einen vorgegebenen Geschicklichkeitsparcours. Einzelne Elemente dieser „Führversion" eignen sich z. B. auch sehr gut für die gerittene Variante. Selbstverständlich hat darüber hinaus jede Lehrgangsstätte bzw. jeder Lehrgangsleiter noch ganz eigene Möglichkeiten bzw. Vorlieben. Und damit nun niemand ins Grübeln kommt, was das denn nun alles sein könnte, hier eine (kleine) Liste an Möglichkeiten von „Schikanen", die in der Halle oder auf dem Platz bzw. sogar im Gelände bewältigt werden können:

- Durchreiten eines/r...

U, L, Slalomstrecke, Weidetores, Flatterbandhindernisses,...

- Umrunden von...

Ständern, Kegeln, Tonnen, Weihnachtsbäumchen,...

- Passieren (natürlich mit Sicherheitsabstand) von Menschen mit (angeleinten) Hunden, Wäsche auf

Leinen, Kindern auf Wippen oder Schaukeln, holzhackenden und -aufstapelnden Personen, ...

- Überqueren eines/r ...

Holzbrücke, künstlichen Sees (z. B. blauem Hindernisunterbau – 1 x 3,5 m – mit/ohne Wasser) , kleinen Baches, ...

- Transportieren von ...

Bierdeckeln, Eiern oder Golfbällen auf Suppenlöffeln, Flüssigkeiten, Kleidungsstücken, ...

- Oder aus dem Sattel heraus ...

Eine Glocke läuten, Luftballons besprühen oder Zapfen-Dart spielen

Durchreiten eines Flatterbandtores ...

... oder eines extra dafür angelegten „Baches"

- Und ganz hinten dran gilt es dann noch 3–5 kleine Hindernisse (Cavalettis oder Kreuze) mit verkürzten Bügeln im Leichten Sitz zu nehmen.

Damit dürfte eigentlich alles zum Thema Reiten im Rahmen des FN Sportabzeichens gesagt sein. Jetzt kommt es darauf an, das Gelesene umzusetzen und anzuwenden und dann steht bei entsprechender Fitness einer Teilnahme am Motivationsabzeichen nichts mehr im Wege. Wenn Sie bei Ihrer Erstausrüstung direkt auf **funktionelle Kleidung** achten, haben Sie außer den Kosten für den Lehrgang(sabschluss) auch keine weiteren finanziellen Belastungen.

Kleiner einladender Sprung

Literaturtipps

- Hölzel, Petra & Wolfgang: Mentales Training für Reiter / Kosmos Verlag Stuttgart
- Gast/Gast: Sattelfest?!? FN Verlag Warendorf
- Stahlecker, Fritz: Das motivierte Dressurpferd / Kosmos Verlag Stuttgart
- LPO FN Verlag Warendorf darin Auszug aus dem Tierschutzgesetz

Fitnesstest/Koordinationstest

Die Verantwortlichen bei der FN haben sich dazu entschieden, nicht auf einen gebräuchlichen/bekannten Test zur Ermittlung der Fitness bzw. der koordinativen Fähigkeit (zu Beginn und am Ende des Sportabzeichenlehrgangs) zurückzugreifen, sondern ein eigenes Paket zusammenzustellen. Dieses wollen wir anschließend auch noch näher vorstellen. Unabhängig davon möchten wir zunächst nicht versäumen, darauf hinzuweisen, dass in gut geführten (kommerziellen) (Fitness-)Studios grundsätzlich auch immer ermittelt wird, wo die Vorzüge und wo das „Entwicklungspotential“ der Kundschaft liegt. Außerdem bieten die Gesundheitskassen und viele weitere Interessengruppen Infos und Tests vor Ort oder im Netz (z.B. www.muenchnerfitnesstest.de) um Sachstände/Defizite zu ermitteln und diesen möglichst kompetent (am besten einzeln betreut) zu begegnen. Wer jetzt schon weiß, dass seine Belastbarkeit gewissen Grenzen unterliegt, der sollte darüber hinaus unbedingt ein (fach-) ärztliches OK einholen, damit falschem Ehrgeiz/Einsatz von vorneherein der Boden entzogen wird. Für alle Lehrgangsteilnehmer sollte – unabhängig vom Alter und den sportlichen Kompetenzen – generell gelten:

Einsatzbereitschaft oder anders ausgedrückt gemeinsamer Spaß und „Schwitzfaktor“ beim Sportabzeichenlehrgang sowie ein realistischer Blick auf das Leistbare.

Die Erfahrung lehrt, dass nur bei einer ganz geringen Klientel am Ende einer Intensiv-Sport-Woche ein messbar besseres Ergebnis (bei klassischen „Langzeitkomponenten“) dasteht.

Spitze wäre es, wenn am Ende die Erkenntnis vorherrschen würde, dass es sehr wichtig ist...

- dauerhaft etwas für den eigenen Körper tun zu müssen (Bewegung, Ernährung & die mentale Fitness betreffend)
- konsequent bei der Suche nach dem Grund von z.B. nicht „funktionierenden“ Hufschlagfiguren oder Hindernisfolgen auch sich selbst als Reiter einzubeziehen (und nicht selbstverständlich das Pferd verantwortlich zu machen)
- langfristig Fitness und Koordinationsqualitäten auf – und ausbauen zu wollen z.B. durch den jährlichen Erwerb des Sportabzeichen im Reiten (und dann dürfte das messbare Ergebnis von Jahr zu Jahr sicherlich ein (viel) besseres sein – wenn man nicht schon mit Spitzenwerten eingestiegen ist).

So und nun, wie versprochen, zu den Empfehlungen & Beispielen der FN bezogen auf Fitness & Koordinationstest (Stand: Jan. 2010):

Zielgruppe:
Jugendliche, Erwachsene, Freizeitsportler, gesundheitsorientierte Sporttreibende, Sporteinsteiger und Wiedereinsteiger

Materialien:
Markierungs-Linien bzw. Markierungsmaterialien (z.B. Kreppband, Poolnoodlen, Hütchen, Eierpaletten, ...), 1, 2 oder 3 leichte (Plastik-) Bälle, einen kleinen (Noppen-)Ball, einen Stuhl, einen Zollstock, einen kurzen Stab (Alternativ ein zusammengerollte Zeitung), 2 Kegel, bis zu 3 Gymnastikmatten bzw. ein Handtuch und ein Zeitmessgerät (z.B. Stoppuhr oder Handy)

Zeitaufwand:
Neben den 11 Aufgaben/„Tests" sollte ausreichend Zeit für eine angemessene Erwärmungsphase und auch ein Cooldown eingeplant werden. Damit die Pausen zwischendurch diese Vorüberlegungen nicht egalisieren, sollte die Anzahl der Betreuer/„des Messkommandos" der der Teilnehmer entsprechen und auch eine Räumlichkeit genutzt werden, in die alle Testaufbauten passen und somit die Wege dazwischen kurz sind.

Storchenstand

Aufgaben (1–11)
Die Aufgaben 1-3 sind dem „Karlsruher gesundheitsorientierter Koordinationstest" (Klaus Bös u.a., Uni Karlsruhe) entnommen.
Ihr Ziel ist die Abprüfung der Koordination bei Präzisionsaufgaben & der Regulation bei Ganzkörperbewegungen/dem statischen Gleichgewicht bzw. visuell geführter Aufgaben.

1) **Ballwerfen mit ganzer Drehung**
   Der TN steht an einer Linie, 3m von einer glatten Wand entfernt. 15 Sekunden lang besteht seine Aufgabe darin, den leichten (Plastik-)Ball gegen die Wand zu werfen, sich schnell um die eigene Achse zu drehen und den Ball direkt (ohne dessen Bodenberührung) wieder zu fangen.

2) **Storchenstand mit geschlossenen Augen**
   Der TN steht auf einem Bein und schließt – möglichst für 15 Sekunden auf Kommando die Augen.

3) **Achten mit einem Bein um Kegel zeichnen**
   Der TN soll – mit einem Bein nach dem anderen – möglichst mit gestrecktem Bein fünf Achterkreise um die beiden neben ihm stehenden Kegel beschreiben.

Die Aufgaben 4 und 5 sind Bestandteile des „dkv Aktiv-Profil" (von Klaus Bös & Georg Wydra; Uni Karlsruhe). Beide Aufgaben stellen einen Funktionstest dar, der in die Rubrik „Konditions- und Fitnesstest" gehört. Speziell hierbei festgestellte Defizite (bzgl. Kraft der Beinmuskulatur/Beweglichkeit der Wirbelsäule) könnten Risiken beim Sporttreiben darstellen und gebieten lt. FN (fach-)ärztlicher Abklärung!

4) **Der mit dem Stuhl „tanzt“**
Der TN sitzt auf einem belastbaren Stuhl (Füße auf dem Boden, Winkel zwischen Ober- und Unterschenkel kleiner als 90°), dann nimmt er zunächst den einen (im zweiten Durchgang den anderen) Unterschenkel in Vorhalte und versucht – ohne sich mit den Händen / Armen abzudrücken – vom Stuhl aufzustehen.

5) **Klappmesser verkehrt herum**
Der TN steht zunächst aufrecht mit hüftbreiten Füßen. Dann versucht er bei durchgestreckt bleibenden Beinen/Knien mit den Fingerspitzen den Boden zu berühren oder diesem möglichst nahe zu kommen.

Aufgabe 6 geht auf G. Hecker (Dt. Sporthochschule Köln) zurück und dient der Überprüfung der Auge-Hand-Koordination.

6) **„Schiffe“ versenken mal anders**
Der TN steht mit einem kleinen (Noppen-)Ball ca. 4 m entfernt vom 20 x 40 cm großen Zielbereich (den Eierkartons). Entscheidend ist nun, wie oft er seinen Ball bei 10 Versuchen direkt im Ziel versenkt / trifft.

Die Aufgaben 7 und 8 sind Teil des „Praxis-Fitness-Test“ (von Hans Mohl f.d. Gesundheitsmagazin Praxis). Sie sollen Aufschluss geben über Kraftausdauer der Hüftbeuge-/Beinmuskulatur bzw. der Rumpfmuskulatur inkl. deren Aktionsschnelligkeit (und bei 7 Spreitzbeweglichkeit).

7) **„Zeitung treten“**
Der TN steht aufrecht und hat in einer Hand einen kurzen Stab (z.B. eine zusammengerollte Zeitung), den er bei gestrecktem Arm – in Hüfthöhe, nicht tiefer – vor dem Körper hält. Dann versucht er innerhalb von 30 Sekunden so oft wie möglich – mit beiden Füßen abwechselnd – gegen den Stab zu treten. Die Beine müssen dabei nicht gestreckt sein. Entscheidend ist also, wie oft er in den 30 Sekunden gegen die Zeitung tritt.

8) **Der Ball, der um die Hüfte kreist**
Der TN liegt mit aufgestellten Füßen auf dem Rücken auf einer Gymnastikmatte. Die Aufgabe besteht darin, 30 Sekunden einen kleinen leichten (Plastik-)Ball mit Hilfe der Hände um die Hüfte kreisen zu lassen. Ist der Ball auf dem Bauch muss das Becken jeweils auf den Boden abgesenkt werden. D.h. „Ball kreisen“ und „Hüfte kippen“ gehören zusammen und können nicht statisch kompensiert werden.

Zur Aufgabe 9 erfolgt leider keine Quellenangabe. Auf jeden Fall soll überprüft werden, wie es um die Dehnfähigkeit des Sportlers steht.

9) **Zeigt her eure Füße**
Der TN liegt in Bauchlage auf einer Gymnastikmatte und versucht aus dieser heraus drei Mal im Wechsel mit dem rechten Fuß die linke Hand und umgekehrt zu berühren.

Die Aufgaben 10 und 11 stammen aus dem bereits erwähnten „dkv Aktiv-Profil“ bzw. dem „Praxis-Fitness-Test“ wobei Nr. 10 in die gleiche Richtung misst, wie Nr. 1 und Nr. 11 (übrigens = freiwillige Zusatzaufgabe) das gleiche Ziel verfolgt, wie Aufgabe 8.

10) **„Auf dem Strich gehen“**
Der TN geht so schnell wie möglich eine 6 m lange Strecke rückwärts, wobei jeweils Fußspitze an Ferse zu setzen ist.

„Tip Top" rückwärts (Fuß an Fuß rückwärts gehen)

Um die Hüfte kreisender Ball

11) **„Ballkreisen zum Zweiten"**
Der TN liegt in Bauchlage auf einer Gymnastikmatte. 30 Sekunden lang geht es nun darum, den kleinen (Plastik-)Ball abwechselnd vor dem Kopf und hinter dem Rücken zu übergeben. Jede Übergabe vor dem Kopf wird gezählt.

Das war's! Schön, wenn sich beim Check herausstellt, dass alle TN „fit for future" sind.

Laufend fit

Ergänzungssport

Durch die Ausübung von Ergänzungssportarten (siehe APO komprimiert zu Kapitelbeginn) soll die allgemeine Fitness bzw. die Kondition und Koordination von Reitern auf- und ausgebaut werden.
Gemeinsam mit dem Ausbilder wird nach einer sportlichen Betätigung gesucht, die der eigenen Leistungsfähigkeit entspricht und der man auch wirklich über einen längeren Zeitraum parallel zum Reiten mit Spaß und Freude nachgeht!

Motivationsabzeichen und mehr von A bis Z

Mit diesem „Mini-Lexikon“ möchten wir eventuell noch bestehende Lücken in der Theorie schließen – ansonsten bleibt eigentlich nur noch der Wunsch: Viel Spaß und Erfolg beim Training und in der Prüfung! Hier nun das „Kleine-, Große Hufeisen und Reiternadel – ABC“.

- A -

▸ **Aalstrich**
Dunkler Streifen vom Widerrist bis zum Schweif im Fell des Pferdes.

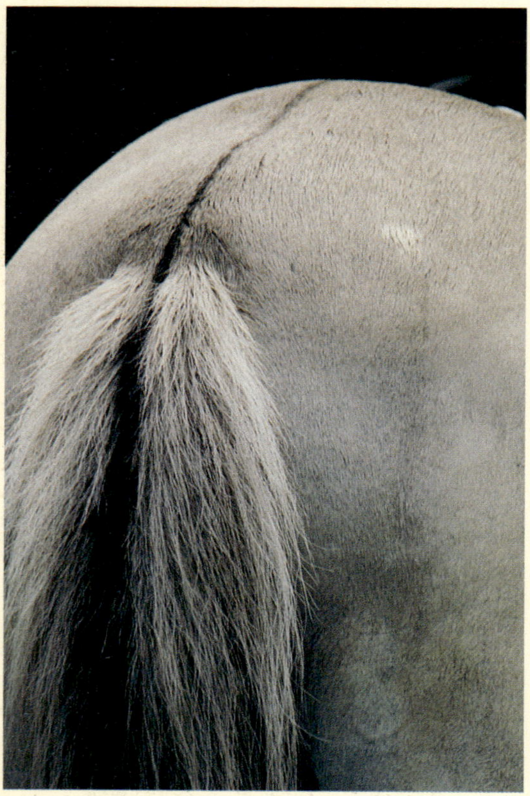

▸ **Abladen**
Ein Pferd oder Pony von einem Anhänger oder Transporter herunterholen.

▸ **Absatteln**
Allgemein „Ausziehen“ des Pferdes oder Ponys. Befreien von Sattel, Hilfszügel, Gamaschen und Trense. Achtung: Steigbügel vorher hochziehen nicht vergessen.

▸ **Abteilung**
Die Schüler einer Reitstunde bilden z.B. eine Abteilung und reiten dann (je nach Kommando) hintereinander her.

Abteilung mit korrekten Abständen – mit Übung kein Problem

Abzeichen
Weiße Haarstellen in verschiedenster Form am Kopf und an den Beinen des Pferdes.

Anlehnung
Die weiche oder stetige Verbindung zwischen der Reiterhand und dem Pferdemaul.

APO
Ausbildungs-Prüfungs-Ordnung = Das „Ausbildungsgesetzbuch" der Deutschen Reiterlichen Vereinigung. Dort steht auch alles über Leistungs- und Motivationsabzeichen.

Aufladen
Ein Pferd oder Pony auf einen Anhänger oder Transporter führen.

Aufsatteln
Allgemein „Anziehen" des Pferdes oder Ponys mit Sattel, Trense, Hilfszügel und Gamaschen für das Training oder für die Prüfung.

Aufsitzen
Aktion, um in den Sattel zu kommen.

Aufwärmen
Wie in jeder anderen Sportart, sollte es auch beim Reiten logisch sein, dass die Aktiven ihren Körper mit entsprechenden spielerischen Gymnastik-Übungen auf „Betriebstemperatur" bringen. Nur Mut: Vieles fällt dann in der Stunde leichter und die Pferde haben auch ihr Gutes davon.

Auktion
Pferdeversteigerung.

Ausbinder/Ausbindezügel
Hilfszügel, der beim Reitanfänger unentbehrlich ist, da er die Anlehnung vorgibt und das Pferd dadurch leichter zu reiten ist.

- B -

Bandagen
Circa acht bis zehn Zentimeter breite und zweieinhalb bis drei Meter lange elastische Binde, die mit und ohne Unterlage um den unteren Teil der Pferdebeine gewickelt wird, um dies zu schützen und zu stützen.

Bande
Umrandung der Reit- oder Longierhalle bzw. abgeschrägte Schutzwand entlang des Hufschlags.

Behang
Behaarung an den Gliedmaßen, je länger desto pflegeintensiver.

▸ **Bereiter**
Anerkannter (Ausbildungs-)Beruf mit dem Arbeitsplatz Reithalle, Stall und Turnierplatz.

▸ **Biegung**
Ein Pferd ist über seine Längsachse (vom ersten Halswirbel bis zum letzten Schweifwirbel) immer so gebogen, wie die Linie, auf der es läuft.

▸ **Box**
„Einzelzimmer" eines Pferdes im Stall mit mindestens drei Meter mal dreieinhalb Meter Grundfläche.

▸ **Brandzeichen**
In vielen europäischen Ländern übliche Kennzeichnung von Pferden als Herkunftsnachweis. Brandzeichen werden dem Pferd meist mit glühend heißem Eisen auf den Hinterschenkel eingebrannt.

▸ **Brauner**
Pferd mit bräunlichem Deck- und schwarzem Langhaar.

▸ **Bügelriemen**
Teil des Sattels, der je nach Beinlänge des Reiters verschnallt wird und sorgfältig gepflegt werden muss.

- C -

▸ **Cavaletti**
Kleine, etwas höhenverstellbare Bodenricks, die bei der Arbeit mit dem Pferd genutzt werden können.

▸ **Charakter**
Das Verhalten des Pferdes dem Menschen oder anderen Pferden gegenüber. Teil des Interieurs (Wesen) des Pferdes, der dann auch das Verhalten des Tieres in ganz bestimmten Situationen einschließt.

▸ **CHI**
Internationales Reitturnier.

▸ **CHIO**
Offizielles internationales Reitturnier.

Fliegendecke

- D -

▸ **Decke**
Zum Abschwitzen oder zu Transportzwecken oder witterungsbedingt eingesetztes Textil.

▸ **Doping**
Unerlaubte Machenschaften, die die Leistungsfähigkeit des Pferdes steigern oder optimieren sollen.

▸ **Dressur**
Gymnastizierung des Pferdes nach klassischen Methoden unter dem Sattel zur optimalen Ausbildung des Bewegungsapparates.

▸ **DRA**
Deutsches Reitabzeichen – Leistungsabzeichen im Pferdesport.

▸ **Druckstellen**
Sie entstehen, wenn die Pferde nicht sorgfältig geputzt werden, die Satteldecke verklebt ist, der Sattel falsch gepolstert ist oder nicht passt.

▸ **Durchlässigkeit**
Oberstes Ziel der Skala der Ausbildung des Pferdes. Ein durchlässiges Pferd reagiert willig auf die Reiterhilfen.

Durchparieren

Das korrekte Übergehen von einer höheren Gangart in eine niedrigere bzw. zum Halten.

- *E* -

Englisch Traben

Alte Bezeichnung für Leichttraben.

Equidenpass

„Personalausweis“ des Pferdes, in dem unter anderem auch alle Abzeichen des Tieres und auch seine Impfungen aufgeführt sind.

Equipe

Eine Reitermannschaft, die zusammen ein (internationales) Turnier bestreitet.

Erste Hilfe

sollten Ausbilder und Aktive leisten können. Ein entsprechender Kasten gehört in jede Vereinshalle und in jeden Pferdebetrieb, ein entsprechendes Team auf jeden Turnierplatz.

Exterieur

Die äußeren Merkmale (das Aussehen) eines Pferdes.

- *F* -

FEI

Internationale Reiterliche Vereinigung.

Flanken

Partie am Pferdekörper zwischen dem hinteren Rippenrand und der Kruppe.

FN

Deutsche Reiterliche Vereinigung (Sitz in Warendorf).

Fohlen

Pferdebaby.

Fuchs

Pferd mit rötlich-braunem Deck- und Langhaar

- *G* -

Galopp

Grundgangart des Pferdes im Dreitakt.

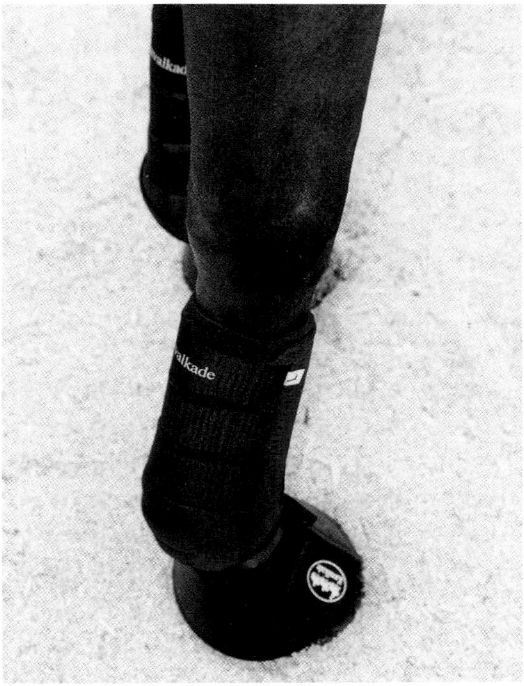

Gamaschen und Sprungglocken

Gamaschen

Vorgeformter, stabiler Beinschutz.

Gebiss

(Metall-) Mundstück, welches am Trensenzaum befestigt ist und in das die Zügel eingehakt werden.

Gehorsam

Den Reiterhilfen in gewünschter Form nachkommendes Pferd.

Genickstück

Riemen des Kopfstückes, der hinter den Ohren liegt.

Gerte

Hilfsmittel für den Reiter in „Stockoptik“, je nach Disziplin unterschiedlich lang und elastisch.

Grundgangarten (GGA)

Die geläufigsten sind Schritt, Trab und Galopp. Manche Pferde haben mehr zu bieten: Pass und Tölt.

- H -

▸ **Halfter**
Gebissloses Kopfstück, welches das Pferd beim Führen und Geputztwerden trägt.

▸ **Handwechsel**
Der Reiter, der bisher linke Hand geritten ist, soll nun rechte Hand reiten und umgekehrt. Gewechselt wird grundsätzlich nur mit einer korrekten Hufschlagfigur.

▸ **Hengst**
Männliches, fortpflanzungsfähiges Pferd.

▸ **Hilfen**
Verständigung mit dem Pferd. Unterscheidung in Gewichts-, Schenkel- und Zügelhilfen.

▸ **Huf**
Fuß des Pferdes, der gut gepflegt werden muss, da er die Last des Pferdes und des Reiters zu tragen hat.

▸ **Hufeisen**
Metallener Schutzbeschlag der Pferdehufe oder auch Glücksbringer.

▸ **Hufschlag**
„Fußspuren", die die Pferde auf dem Reitbahnboden hinterlassen. Wenn jedoch vom Hufschlag die Rede ist, wird meist nur genau die ausgeprägte Spur entlang der Bande gemeint.

▸ **Hufschlagfiguren**
Vorgeschriebene Reitwege der Reithalle oder auf dem Dressurviereck, deren Namen und Linienführung von jedem Reiter zu lernen sind.

▸ **Hufschmied**
Fachmann, der die Pferdehufe regelmäßig kontrolliert, ausschneidet und/oder beschlägt. Anerkannter Ausbildungsberuf.

- I -

▸ **Impfungen**
Vorbeugende Maßnahme zur Abwehr von (zum Teil tödlichen) Krankheiten z. B. Tetanus, Herpes, Tollwut Influenza.

▸ **Instinkt**
Angeborenes Verhalten, das bei Pferden gut entwickelt und zum Teil Ursache für Verweigerungen oder letzte Rettung aus misslicher Situation ist.

- J -

▸ **Jodhpurhose**
Lange Reithose, zu der der Reiter keine Stiefel sondern Stiefeletten trägt.

▸ **Jodhpurstiefel**
Anderer Ausdruck für kurze Stiefel oder Stiefeletten. Gerade im Kinder- und Jugendbereich eine (finanziell) sinnvolle Lösung.

Hufschmied bei der Arbeit

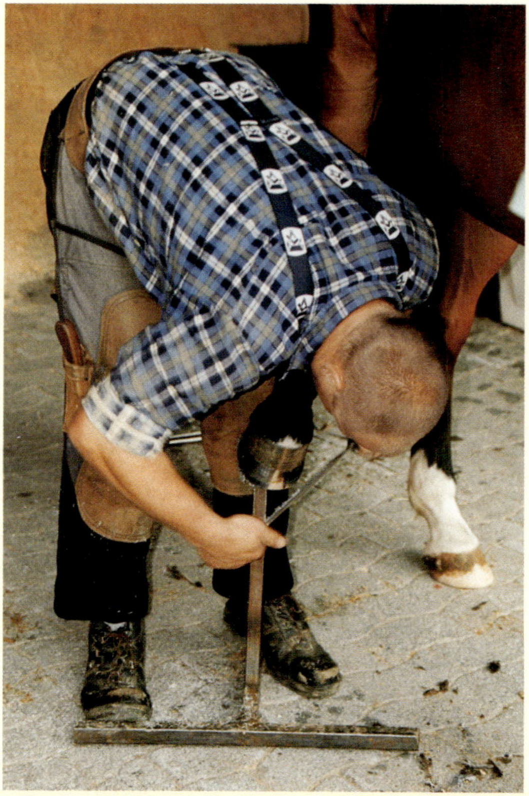

- K -

▸ **Kaltblut**
Temperamentsbezeichnung – Sammelbegriff für alle schweren Arbeitspferde.

▸ **Kappe**
Zur Grundausstattung des Reiters gehörende Kopfbedeckung mit 4-Punkt-Sicherung (nach DIN).

▸ **Kappzaum**
Ein am Nasenriemen gut gepolsterter und mit Ösen versehener Zaum.

▸ **Kastanie**
Hornige Stelle in Kastanienform an der Innenseite der Pferdebeine.

▸ **Koppel**
Eingezäunte Weidefläche.

▸ **Kraftfutter**
Energiefutter für das Pferd (z. B. Hafer, Gerste oder Mais).

▸ **Kruppe**
Hinterer Teil des Pferderückens (fast direkt hinter dem Sattel gelegen).

- L -

▸ **Lahmen**
Das Pferd lahmt, wenn es mit einem Bein vorsichtiger oder kaum auftritt oder gar hinkt.

▸ **Leckerlies**
Pferdebelohnung.

▸ **Leistungsabzeichen**
Basispass Pferdekunde, DRA IV – I und das DRA in Gold sind die Leistungsabzeichen im Reitsport und im Gegensatz zu den Motivationsabzeichen an erhöhte bis sehr hohe Leistungen geknüpft.

▸ **Lockern**
Neben Dehnen und Kräftigen wichtiger Bestandteil des Aufwärmens vor dem eigentlichen Reiten, was nur all zu häufig vergessen wird.

▸ **Longe**
Etwa neun Meter lange Leine aus Gurt, die beim Longieren in den inneren Trensenring oder den Kappzaum eingeschnallt und vom Longenführer gehalten wird.

▸ **Lösen**
Bevor der Reiter mit seinem Pferd die tägliche Trainingsarbeit aufnehmen kann, muss das Pferd oder Pony mindestens 10 Minuten im Schritt geritten werden und dann auf großen Bögen oder Linien im Trab und Galopp bewegt werden (um Kaltstartverletzungen vorzubeugen).

Einmal kurz unbeobachtet: Leckerlis in Selbstbedienung

▸ Losgelassenheit
Ohne innere und äußere Losgelassenheit bei Reiter und Pferd ist kein korrektes Reiten möglich. Ist einer von beiden verkrampft oder verspannt, ist der Erfolg der Arbeit in Gefahr.

▸ LPO
Leistungsprüfungsordnung. Durchführungsbestimmungen für Turniere seitens des nationalen Dachverbandes (FN).

▸ Literaturtipps
sind auf S. 46 zu finden, hier daher nur einige Internettipps:
www.pferd-aktuell.de
www.pferdecity.de
www.kosmos.de

- M -

▸ Mähne
Langhaar (Behang) entlang des Pferdehalses.

▸ Martingal
Hilfszügel, der vorwiegend beim Springen und bei Geländeritten genutzt wird.

▸ Meldestelle
Organisationsbüro auf Turnierplätzen. Anlaufstelle für die aktiven Reiter.

▸ Motivationsabzeichen
Kombiniertes-, Kleines- und Großes Hufeisen sowie Reiternadel.

▸ Musik
läuft heutzutage fast bei allen Pferdesportveranstaltungen im Hintergrund oder wird sogar reitend in Bewegung umgewandelt.

- N -

▸ Nachgeben
Verminderung des Gebissdrucks im Pferdemaul.

▸ Nachgurten
Festziehen des Sattelgurtes nach der zehnminütigen Reitphase zu Stundenbeginn und dem Abreiten. Wird das Sattel-„Korsett“ sofort zu eng gezogen, kann Sattelzwang die Folge sein.

Übungs- und Zeitintensiv: Ein „Netz aus Mähne“

Nachgurten aus dem Sattel

Nasenriemen

Teil des Zaumzeugs, der beim Auftrensen als erster geschlossen werden sollte, um größtmöglichen Einfluss auf das Pferd auch in dieser Situation zu gewähren.

Nennung

Vorgegebenes Anmeldeformular für den Start beim Reitertag und Turnier.

- O -

Olympische Spiele

Zu allen Sommerspielen gehören sie heutzutage dazu – die Pferde. Leider sind jedoch noch lange nicht alle Pferdesportdisziplinen olympisch.

Offenstallhaltung

Überdachter, nur einseitig offener Stall mit Fressständen und Liegefläche mit direkt anschließendem Auslauf.

Offene Fragen

Der wichtigste Ansprechpartner in Sachen Pferd ist sicherlich der eigene Ausbilder. Aber auch Prüfer und Richter können die richtigen sein, um zu helfen. Futtermeister, Hufschmied und Tierarzt sind außerdem sehr wichtige regelmäßige Gesprächspartner. Darüber hinaus sollte sich jeder Reiter und Pferdebesitzer eine eigene kleine Bibliothek anlegen, um das eigene Wissen ständig zu erweitern.
Außerdem empfiehlt sich ein Blick ins Internet – in der Regel bieten die Suchmaschinen mehr, als man lesen kann:
www.google. de, www.blinde-kuh.de,
www.dino-online.de/sport.html, www.yahoo.de

Oxer

Zwei fast gleiche Hindernisse, die gleich hoch hintereinander aufgebaut und mit einem Sprung zu überwinden sind (s. u.).

- P -

Paddock
Begrenzter Auslauf eventuell direkt mit „Box-Anschluss".

Parade
Es gibt halbe und ganze Paraden. Das heißt der Reiter „umschließt" das Pferd vermehrt mit seinen Hilfen z. B. zur Mäßigung des Tempos, Verbesserung der Haltung des Pferdes oder zum Übergang in eine andere Gangart. Ganze Paraden führen aus jeder Gangart immer zum Halten oder Stehen.

Parcours
Aus dem Französischen stammende Bezeichnung für den Weg vom Start bis zum Ziel bei einem Springen.

Pauschen
Polsterung unter dem Sattelblatt für die Sicherung der Lage des Reiterbeins.

Peitsche
Verlängerter Arm des Longenführers bei Longenstunden, vergleichbar mit der Gerte beim Reiten.

Pferdepflege
Sachgerechte Pferdehaltung, -fütterung und Körperpflege sollten für alle Zweibeiner ihrem Sportkameraden gegenüber selbstverständlich sein.

Pony
Ponys sind keine bestimmte Rasse, sondern kleine Pferde bis maximal 1,47 Meter Stockmaß.

PS
Von James Watt (Erfinder der Dampfmaschine) eingeführte Abkürzung für Pferdestärke.

Putzzeug
Materialien und Bürsten zur Körperpflege des Pferdes.

- Q -

Quadrille
Vorstellung von mehreren Pferden in kunstvollen Hufschlag-Figuren nach Klängen der Musik. Die Zahl der Teilnehmer muss sich immer durch vier teilen lassen.

- R -

Rappe
Pferd mit schwarzem Deck- und Langhaar.

Raufutter
Neben Kraft- und Saftfutter wichtigste Futterart (z. B. Heu oder Stroh oder Anwelksilage).

Reithose
Beinkleid ohne störende Nähte, eng anliegend, mit und ohne Lederbesatz.

Reitstiefel
Zur Grundausstattung des Reiters gehörende Fußbekleidung aus Gummi oder Leder.

Richter
Geprüfter Sachverständiger, der die Abzeichen abnehmen darf und beim Turnier für die Leistungsbewertung und Kontrolle zuständig ist.

Richtlinien
Standardwerke der FN mit Grundsätzen zum Reit-, Fahr- und Voltigiersport sowie zur Pferdehaltung.

Rosse
Brunftperiode der Stute. Zeit, in der die Stute tragend werden kann.

- S -

Saftfutter
(z. B. Gras, Möhren, Rüben) ist die bedeutendste Futtergruppe neben Kraft- und Raufutter.

Sattel
Je nach Disziplin sehr unterschiedlich aussehende „Sitzgelegenheit" für den Reiter auf dem Pferderücken.

Satteldruck
Durch einen falsch liegenden oder unpassenden Sattel verursachte Druckstellen, die bis zum Abheilen ein weiteres Reiten des Pferdes unmöglich machen.

Schabracke
Sattelunterlage in Rechteckform, an der auch die Startnummern angebracht werden können.

Nicht so platzintensiv wie Box und Paddock: die „Doppelbox“

Schecke
Pferd mit großen Farbklecksen.

Scheuen
Verunsicherung oder Flucht des Pferdes vor Dingen, die es erschrecken.

Schimmel
Sammelbegriff für weiße Pferde.

Schritt
Grundgangart des Pferdes im Viertakt.

Selbsttränke
Vorrichtung, die es Pferden erlaubt, in „Selbstbedienung“ Wasser zu trinken.

Sicherheitsweste
Eng anliegendes „steifes“ ärmelloses Oberteil zum Schutz des Oberkörpers des Reiters, insbesondere für junge Reiter sehr empfehlenswert.

Sinnesorgane
Da das Pferd vom Ursprung her ein Steppen- und Fluchttier ist, sind sie besonders gut entwickelt und leistungsfähig.

Sporen
gehören nur an Absätze gut sitzender Reiter und dienen zur Unterstützung der Hilfengebung.

Stall
Wohnung des Pferdes.

Startnummer
Bei einem Turnierstart oder sogar bei einer Abzeichenprüfung am Kopf zu tragende Zahl.

Steigbügel
Sind mit den Bügelriemen am Sattel befestigt und so schwer, dass ihre Position gleich bleibt, auch wenn der Reiter sie einmal verliert und wieder aufnehmen muss. Sie sehen je nach Reitweise sehr unterschiedlich aus, sollten aber immer nur Fußstütze sein.

Steilsprung
Hindernis aus direkt übereinander hängenden Stangen oder Balken. Dieser Sprung ist also nur hoch und nicht auch noch tief (siehe Oxer).

Streichkappe
Kurzer Beinschutz für die Hinterbeine.

Stute
Weibliches Pferd.

- T -

Takt
Jede Gangart hat ihren Takt, der auch mit zunehmendem Alter immer noch klar zu erkennen sein sollte.

Tete
Französisch für Kopf. Alter Ausdruck für den Anfangsreiter einer Abteilung.

TN
Häufig genutzte Abkürzung für Teilnehmer.

Trab
Grundgangart des Pferdes im Zweitakt.

Trainer
Lizensierter Ausbilder im Pferdesport, der aktiv die Aus- und Fortbildung der Zwei- und Vierbeiner betreibt.

Trense
Kopfstück des Pferdes bei Training und Wettkampf. Wichtigstes Element ist das Reithalfter, als da wären: englisches, kombiniertes, hannoversches oder mexikanisches.

Turnier
(Mehrtägiger) Vergleichswettkampf von Reiter und Pferden mit vorgegebenem Reglement (LPO).

- U -

Ungehorsam
Das Pferd widersetzt sich den Hilfen des Reiters.

- V -

Verletzungsprophylaxe
Um Verletzungen vorzubeugen, sollte der Reiter richtig gekleidet sein (z.B. Kappe nach DIN – Norm),

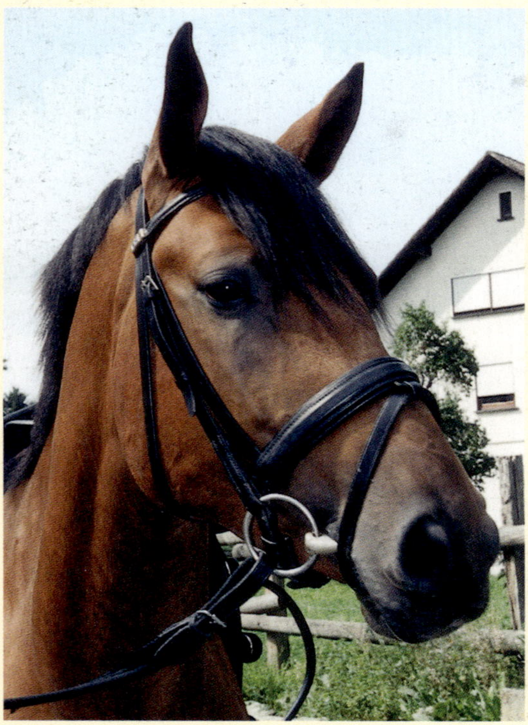

Sicherheitsweste

keinen Schmuck tragen und sich ordentlich vor dem eigentlichen Reiten warm machen.

▸ **Vollblut**

Sehr edles, hoch im Blut stehendes (Renn-)Pferd. Übersetzung des englischen „Thoroughbred". Hinter ihrem Namen steht das xx.

▸ **Voltigieren**

Pferdesportdisziplin („Turnen" auf dem Pferd), in der ebenfalls Motivations- und Leistungsabzeichen erworben werden können.

▸ **Vorderhand**

Die gesamte vordere Partie eines Pferdes.

▸ **Vorderfußwurzelgelenk**

Gelenk in der „Hälfte" Des Vorderbeine, welche häufig fälschlich als Knie bezeichnet wird.

- W -

▸ **Wallach**

Männliches, nicht mehr fortpflanzungsfähiges (kastriertes) Pferd.

▸ **Warmblut**

Temperamentsbezogene Einteilung. Im Bundesgebiet gehören alle „edleren" Reit-, Voltigier- und Wagenpferde zu den Warmblütern.

▸ **Weidegang**

...ist für alle Pferde oder Ponys gesund und wichtig, da es die gelungenste Kombination aus Futteraufnahme, Bewegung und Beschäftigung darstellt. Untugenden haben bei ausreichendem Weidegang selten eine Chance.

▸ **Wertnoten**

Werden auf Reitturnieren in der Dressur oder bei Stilspringprüfungen gegeben und führen (je nach Höhe) z. B. zu einer Platzierung.

▸ **Widerrist**

Knöcherner, haut- und fellbedeckter Übergang vom Pferdehals zum Pferderücken.

▸ **Wiehern**

Lautäußerung des Pferdes.

- Z -

▸ **Zaumzeug**

Kopfstück des Pferdes bei der Arbeit (s.a. Halfter), welches mit Sattel und Hilfszügel die Grundausstattung des Pferdes ergibt.

▸ **Zirkel**

Hufschlagfigur (Kreisbogen), auf dem das Pferd z. B. bei Longenstunden läuft. Generell gilt, dass die Hinterbeine der Spur der Vorderbeine folgen sollten. Der kleinste Zirkel ist die Volte.

Paar mit (Motivationsabzeichen-)Grundausstattung

Zum Weiterlesen

Hat Euch der Ratgeber gefallen?
...dann empfehlen wir die anderen Bände dieser Reihe und...

APO. FN-Verlag, Warendorf 2010
Gast / Gast: Kleines Hufeisen. FN-Verlag, Warendorf 2001
Gast / Gast: Reiten lehren lernen. FN-Verlag, Warendorf 2000
Gast / Gast: Sattelfest. FN-Verlag, Warendorf 2000
Gast / Gast: Mit 1 PS durch Europa, Kavalkade, Warendorf, 2000
Gast / Gast: 365 Ideen für den Breitensport. FN-Verlag, Warendorf 2007
Gohl, Christiane: Pferde kennen und verstehen; Im Umgang und beim Reiten: Körpersprache richtig deuten. Kosmos Verlag, Stuttgart 2001
Hölzel, Petra und Wolfgang: Mentales Training für Reiter. Kosmos Verlag, Stuttgart 2001
Hölzel, Petra: Basis-Pass Pferdekunde; Vorbereitung auf die praktische und theoretische Prüfung. Kosmos Verlag, Stuttgart 2010
Hölzel, Petra: u. Wolfgang: Der Reitpass; Vorbereitung auf die praktische und theoretische Prüfung. Kosmos Verlag, Stuttgart 2010
Krämer, Monika: Pferde erfolgreich motivieren. Kosmos Verlag, Stuttgart 2007
LPO. FN-Verlag, Warendorf 2008
Putz, Michael: Die Reitabzeichen. Kosmos Verlag, Stuttgart 2010
Schmid, Andrea: Westernreiten Schritt für Schritt. Kosmos Verlag, Stuttgart 2009
Single, Karl; Raue, Thomas: Reiten mit Spaß und Erfolg. Kosmos Verlag, Stuttgart 2008

Nützliche Adressen

Deutsche Reiterliche Vereinigung e.V. (FN)
Freiherr-von-Langen-Str. 13
48321 Warendorf
Tel. +49 (0)2581-63620
Fax +49 (0)2582-62144
www.fn-dokr.de

Bundesfachverband für Reiten und Fahren
in Österreich (BFV)
Geiselbergstr. 26-32/Top 512
1110 Wien
Tel. +43 (0)17499-26113
Fax +43 (0) 17499-26191
www.fena.at

Schweizerischer Verband für Pferdesport (SVPS)
Papiermühlenstr. 40 H
3000 Bern 22
Tel. +41 (0)31335-4343
Fax +41 (0)31335-4358
www.fnch.ch

Impressum

Bildnachweis Farbfotos von Christine Gast / Ulrike Gast, Lennestadt (68). Farbzeichnungen von Cornelia Koller, Schierhorn (S. 13, 28, 29, 30). Schwarzweißzeichnungen von Gisela Holstein, Irland (S. 26).

Umschlag von eStudio Calamar unter Verwendung von 3 Farbfotos von Christine Gast / Ulrike Gast, Lennestadt.

Mit 71 Farbfotos, 10 Farbzeichnungen, 1 Schwarzweißzeichnung.

Mix
Produktgruppe aus vorbildlich bewirtschafteten Wäldern und Recyclingholz oder -fasern
FSC
www.fsc.org Zert.-Nr. SGS-COC-004980
© 1996 Forest Stewardship Council

Gedruckt auf chlorfrei gebleichtem Papier

Zweite, aktualisierte und überarbeitete Ausgabe.

ISBN 978-3-440-11773-6
Redaktion: Katja Pauls
Gestaltungskonzept: eStudio Calamar
Satz: Atelier Krohmer, Dettingen
Produktion: Claudia Kupferer
Printed in Slovakia /
Imprimé en Slovaquie

Lerntipps für Kleine...

- Lass dir doch Fotos, Bilder und Zeichnungen von Pferden, Abzeichen, Brandzeichen, Putzzeug, Reitzeug,... von deinen Eltern oder großen Geschwistern in 5 x 5 je 2 x ausdrucken. Die klebst du dann auf Memorykärtchen, mit denen du schon lange nicht mehr gespielt hast – und fertig ist dein ganz persönliches Merkspiel rund ums Kleine Hufeisen.
- Bitte doch deine(n) Ausbilder(in) für dich und deine „Mitschüler", einen Tastparcours vorzubereiten. Mit verbundenen Augen (geführt von einem Partner) versuchst du dann nacheinander z.B. Sattel, Trense, Putzzeug, Kappe, Stiefel, Futter,... zu ertasten und korrekt zu benennen.
- Besorge dir einen Katalog mit/über Reitsportzubehör (am besten einen, der fast nicht mehr gilt, dann finden das auch die Erwachsenen gut?). Aus dem Katalog schneidest du alle Bilder und Bezeichnungen aus, die du in deinem Kleine/Große Hufeisen-Kurs schon kennengelernt hast. Diese klebst du dann nach Themen sortiert (z.B. Putzzeug, Sattelzeug, Pferdefarben, Pferderassen, Reiteroutfit sogar Futtermittel) auf ein großes Plakat oder ein Stück Tapete und fertig ist dein Lernposter.

Lerntipps für Große...

- Die Memoryvariante bei den „Großen" besteht je aus einer Bild- und einer Wortkarte. D.h. es wird beim Spielen nicht nach zwei gleichen Fotos gesucht, sondern es muss jeweils eine Wortkarte mit dem dazugehörigen Bild gesucht/aufgedeckt werden.
- Schon mal mit Karteikarten gelernt? Am besten besorgt man sich dazu gleich einen ganzen Satz von Karteikarten z.B. in DIN A 6-Format. Auf der Vorderseite wird dann je ein Schlagwort (z.B. eins nach dem anderen aus dem ABC) und auf der Rückseite der erklärende Text notiert. Beim Abschreiben lernt man schon das erste Mal und dann so oft man sich mit seinen FN-Sportabzeichenkarteikarten beschäftigt.
- Im Buch werden an alle bekannten Infos am äußeren Rand z.B. grüne Punkte geklebt und an alles Neue Unbekannte z.B. orange. Wenn man nach zwei- oder dreimaligem Lesen auch diese Infos/Inhalte beherrscht, wird ganz einfach ein grüner über die bisherigen orangenen Punkte geklebt und so ist dann nach und nach „alles im grünen Bereich".

Viel Erfolg!